Mon âme cherche sa guérison

ISBN : 978-2-36188-428-4

L'auteure de ce livre ne dispense aucun conseil médical et ne prescrit aucune technique comme traitement pour des troubles physiques, émotionnels ou médicaux à mettre en pratique sans l'avis, direct ou indirect, d'un médecin. L'intention de l'auteure est simplement de fournir des informations générales pour vous aider dans votre quête du bien-être émotionnel, physique et spirituel. Dans le cas où vous mettriez en pratique des informations contenues dans ce livre, l'auteure et l'éditeur déclinent toute responsabilité.

www.editions-tredaniel.com
info@guytredaniel.fr
www.facebook.com/editions.tredaniel
@tredaniel_eso
@editions_exergue

Mon âme cherche sa guérison

MANUEL PRATIQUE D'AUTOGUÉRISON
pour élever son taux vibratoire

SOPHIE MAGENTA

ÉDITIONS
EXERGUE
27, rue des Grands-Augustins
75006 Paris

La vie est comme un jardin :
nos blessures, nos peurs, nos addictions...
sont les mauvaises herbes qu'il nous faudra libérer,
car elles envahissent notre espace et font baisser
notre énergie vitale.

D'un autre côté, tout est nourriture :
la foi, l'harmonie et la beauté... sont les engrais
qui permettront à notre bien-être de fleurir.
Tout est affaire d'intention.

Dans un univers où tout est énergie,
à celui qui comprend comment utiliser
et diriger l'information, tout est permis
et le champ infini des possibles lui est alors ouvert.

SOMMAIRE

AVANT-PROPOS

« Born to Be Alive », titre la chanson… Et si vous étiez né pour être vivant ?

Bien avant votre naissance, vous portiez déjà en vous le désir ardent de réparer, de guérir, d'aimer, car la joie est votre essence divine.

C'est la raison de votre venue sur Terre, c'est l'intention de cette partie de vous qui existait avant vous et qui subsistera encore quand votre corps lâchera son dernier souffle.

Vous êtes né pour guérir, pour chanter et pour danser la vie !

Le jeu de la création est assez simple finalement : imaginez une partie qui permet au joueur (votre âme) de gagner des points selon que vous (le petit personnage) parveniez à remporter des défis (abandon, accident, maltraitance, handicap, viol…). Dans ce jeu, tout est affaire d'expériences et de leçons : plus vous jouez le jeu et intégrez de sagesse, plus vous montez dans les niveaux !

Le gros de votre programme de réjouissance vous est communiqué dans votre enfance (en général avant 6 ans) et se retrouve dans votre ego : ce masque d'adaptation que le tout jeune enfant se crée pour survivre et s'adapter à son environnement, comme une stratégie de jeu (« je dois être sage et invisible pour être aimé » ou « je dois me méfier de tous, car j'ai été trahi », etc.). Un astrologue vous dirait qu'il existe déjà dans votre thème natal cette carte du ciel indiquant l'emplacement des planètes au moment de votre venue au monde !

Si c'est le petit bonhomme qui joue la partie, c'est bel et bien le joueur (votre partie divine) qui tient la manette, vous guide et vous protège autant qu'il le peut, pour vous mener à la guérison qui est son seul dessein.

L'un et l'autre sont à des niveaux différents : plus vous êtes dans la « matière » (avec des fréquences basses), plus vous subissez le jeu et prolongez la souffrance du petit bonhomme (état de victime).

À l'inverse, plus vous vous élevez, évoluez et vous rappelez que vous êtes aussi le joueur, plus vos pouvoirs deviennent infinis et vous pouvez alors tout accomplir : à cet instant vous devenez Dieu, ce Créateur que vous avez toujours été, mais qui joue tellement bien l'action qu'il s'est identifié au petit personnage en se faisant croire qu'il était limité à ce rôle.

Voilà plus d'une décennie que j'accompagne des personnes de tous âges et horizons et que je me demande quel est le « FACTEUR X » ? Celui qui remporte le bonus, le jackpot ?

Celui qui explique qu'en une seule séance nous puissions accomplir des guérisons miraculeuses… ou, à l'inverse, que certains écument tous les thérapeutes de la planète sans jamais y parvenir, se plaignant de malchance ou d'incompétence du professionnel… Eh bien, c'est l'ENGAGEMENT !

C'est lui qui fait toute la différence, qu'il s'agisse de guérir de nos blessures du passé ou d'une maladie, de remporter une course ou d'obtenir une promotion…

L'ENGAGEMENT fait partie de la famille de la FOI, comme la certitude ou la confiance, l'évidence dans l'amour…

C'est une chose que l'âme valide et reconnaît comme sienne, et que VOUS SEUL pouvez prendre !

C'est un élan qui connecte notre force de vie (à partir du hara ou bas-ventre) à notre cœur et notre esprit. Un mouvement puissant et générateur d'une forte énergie nous permettant de déplacer des montagnes et de tracer notre destin avec courage et ténacité !

Il ne suffit pas de lire un bouquin, de payer une énième séance chez un psy ou une super formation pour transformer l'essai, NON…

Il s'agit d'y mettre de soi, d'y plonger entièrement de toute son âme, sans quoi il vaut mieux ne pas vous mentir et conserver votre temps et votre argent.

OUI, s'engager, c'est ne faire plus qu'un avec soi-même pour avancer sur son chemin de lumière, dans sa PUISSANCE PERSONNELLE, en VÉRITÉ de qui l'on est, au fait de son POUVOIR DIVIN.

La question avant d'aller plus loin ensemble est la suivante :

Quel engagement êtes-vous prêt à prendre pour votre évolution personnelle afin de mieux servir la vie ?

Si vous êtes prêt à jouer vraiment la partie, à vous engager corps et âme dans votre guérison, alors, dans ce manuel, vous découvrirez comment retrouver le chemin vers votre divinité, comment vous alléger de vos blessures (les défis de votre partie) pour élever votre fréquence vibratoire, accéder à votre plein pouvoir et ainsi devenir un « os creux » pour accueillir pleinement la lumière et vivre dans cet espace de tous les miracles...

En vous détachant progressivement du petit bonhomme, vous allez ainsi accéder à la pleine liberté de vivre : voici venu le temps de reprendre les manettes de votre vie.

À vous de jouer !

PROLOGUE

Alors que nous étions invités, mes compagnons et moi-même, à vivre une expérience insolite, une transe au tambour de sept minutes, je vécus la plus stupéfiante de toutes mes expériences. À un rythme soutenu, je commençais à battre du tambour en cadence avec le chaman et la quinzaine d'autres initiés qui, comme moi, s'étaient engagés pendant trois années à vivre cette aventure qu'est le chamanisme.

Tandis que je suivais les consignes, les yeux mi-clos, les battements puissants commencèrent à me faire voyager. Je me mettais à remonter le temps à travers les siècles, j'étais une Amérindienne, je voyais autour de moi ma tribu, mais pas seulement : mes vies semblaient défiler, me faisant comprendre que j'étais toutes les vies qui avaient existé sur Terre, j'étais le passé, mais aussi tous les temps : le présent et le futur, j'étais bientôt l'Univers tout entier et l'ensemble de la création ! Je ne l'avais pas seulement imaginé, je l'avais vécu dans mon corps, comme une expérience totalement réelle !

J'étais encore sous le choc lorsque le chaman nous invita à changer de main et à battre pour les sept prochaines minutes de la main gauche : d'abord maladroitement, je pris le rythme et un nouveau voyage commença pour moi. Comme si le zoom de ma caméra faisait marche arrière, le focus se resserra très rapidement pour me faire comprendre que tout ce qui était dehors était dedans : absolument toute la création existait en moi. Dans ce moment d'éternité, je réalisais l'instant de quelques secondes tout le trésor que je portais, je sentais avec certitude que tout le potentiel infini de l'Univers existait aussi à l'intérieur de chacun de nous…

D'aussi loin que je me rappelle, mon âme a recherché sa guérison : enfant déjà, je tentais de comprendre le monde, les autres, et pourquoi je sentais ce vide à l'intérieur de moi. Les excuses que je trouvais me ramenèrent tout d'abord au manque d'affection, à une éducation trop rigide, puis, à l'adolescence, où je trouvai le répit dans les bras d'un premier amoureux, puis d'un deuxième... et finalement de nombreuses relations romantiques s'enchaînèrent pour que ne restent que la frustration et la déception. J'étais sans le savoir ce qu'on nomme une « dépendante affective », aussi organisai-je ma vie pour n'avoir aucun jour de célibat entre mes 16 et mes 40 ans ! Ce creux dans mon estomac me torturait et me coûta un nombre incalculable d'heures en psychothérapie, analyse, stages de développement personnel, cours du soir d'astrologie, thérapies brèves et, bien sûr, en lectures sur le sujet (du zen à l'ayurvéda en passant par la psychologie, la sagesse orientale, les contes philosophiques...). Je recherchais une guérison que je ne savais nommer : je sentais simplement que j'étais mal, pas heureuse, même si en apparence je donnais tous les signes du bonheur... Mon angoisse ayant monté d'un cran après mes 35 ans, je mis les bouchées doubles jusqu'à entreprendre de me former au métier d'accompagnante : j'allais mieux et il fallait bien que j'utilise toute cette réserve de connaissances et d'expériences personnelles. Alors, j'appris la PNL (programmation neurolinguistique), les massages bien-être, l'EFT (*Emotional Freedom Technique*), la CNV (Communication NonViolente), le champ mental (technique incroyable sur laquelle je décidai plus tard d'écrire un livre), les soins énergétiques jusqu'à m'initier plus récemment au chamanisme pendant plusieurs années... au départ pour sauver l'autre, c'était bien moi que je guérissais !

Le vide à l'intérieur de moi diminua, tout comme mon angoisse de la mort, et je commençai à me sentir bien jusqu'à aujourd'hui où j'aime ma vie (même si les choses sont loin d'être parfaites) et m'aime désormais profondément (malgré mes défauts).

En quelques années, mon taux vibratoire était passé de quelque 18 000 UB à plus de 40 000 000 UB (et ça continue de grimper), avec des effets magiques, me permettant d'éviter toute infection, même pas un petit rhume, et lorsque je croisais mon médecin, je le trouvais vieilli (normal, puisque nos rencontres s'espaçaient de plusieurs années).

Au-delà de la santé physique, le plus fabuleux fut l'impact sur mon intuition et ma clairvoyance : je constatais des progrès époustouflants quant à ma capacité à sentir les personnes et les situations.

Très souvent, je voyais clair : de la prémonition qui m'indiquait que le distributeur serait en panne, à la blessure de mon client qui remontait à sa naissance, ou tel autre dont les parents espéraient un enfant de l'autre sexe, ou encore celui dont tous les blocages étaient liés au fait qu'il avait peur de dépasser son père (symboliquement de le tuer)… Les choses m'apparaissaient avec évidence, comme si j'étais capable de me brancher sur « le disque dur » de l'autre : il me suffisait alors de lire les informations.

Très récemment, j'ai même découvert que j'avais un don de voyance et me voilà désormais capable de consulter ma boule de cristal et de lire en elle ! Cela me fait sourire, moi la « si cartésienne », logique et férue de mathématiques, responsable pédagogique à Sup de Co Lyon, formatrice en management et développement personnel, devenue une « Madame Irma »…

Ma foi, présente depuis le début de ma vie, s'est renforcée avec les années et les si nombreux cas de guérisons auxquels j'ai assisté pour y avoir contribué dans mon métier. Peut-on parler de miracles ? J'aime à le croire quand je me rappelle que certains avaient « tout essayé » avant d'arriver à moi, la médecine elle-même n'ayant pas répondu à leurs maux…

Je repense à cette vieille femme qui souffrait de sa langue qui ne cessait de tourner dans sa bouche depuis plusieurs années : après tous les examens et sans diagnostic permettant un traitement efficace, le médecin lui avait prescrit des antidépresseurs, mais rien n'y faisait. C'est épuisée qu'elle arriva à moi par une belle après-midi, amenée par son fils. En la questionnant sur l'origine du symptôme, je découvris son histoire : son gendre s'était vu amputé de plusieurs doigts et était tombé en dépression. Sa fille lui avait demandé de garder à leur domicile leur petite fille. La vieille femme passait ses journées de garde avec le papa estropié et ne faisait que « tourner sa langue dans sa bouche » pour trouver quoi lui dire afin de lui remonter le moral… Et cela faisait maintenant plus de deux ans que ça durait… Je lui permis d'exprimer ses émotions en rapport avec la situation et immédiatement elle retrouva le calme dans sa bouche : elle était guérie !

Il y eut aussi cette autre femme de la soixantaine qui souffrait de brûlures de la gorge inexpliquées : elle raclait et ravalait sa salive du matin au soir jusqu'à en déprimer tant cela l'agaçait. Des années que ça durait… Aucune solution médicamenteuse ne lui avait apporté le moindre répit. Je la reçus en séance avec beaucoup d'empathie, comme je le fais toujours, et l'écoutai avec beaucoup d'attention. Quelle était cette émotion qu'elle ravalait sans cesse ? Depuis quand cela durait-il ? Je compris assez vite l'origine, la racine du problème (car il y en a toujours une) : sa fille aînée avait eu un enfant autiste, qui avait maintenant une dizaine d'années, et elle ne parvenait pas à l'aimer comme la bonne grand-mère qu'elle souhaitait être. L'enfant lui faisait honte, et c'était très pénible pour elle de le garder et de se promener avec cet enfant qui criait et bavait, faisant encore dans ses couches… La grand-mère niait son ressenti et faisait bonne figure, demandant chaque semaine des nouvelles à sa fille qu'elle imaginait malheureuse d'avoir un fils pareil, faisant mine de la soutenir et taisant absolument sa vérité. Cette culpabilité la rongeait et s'était transformée en symptôme : elle ravalait continuellement ses sentiments… En une séance, nous avons « nettoyé » ses sentiments toxiques et le problème s'était envolé ! Elle put jouir de nouveau de sa belle retraite.

Et que penser de cet homme d'une quarantaine d'années qui n'éprouvait aucun désir sexuel, ni même de plaisir dans ses relations intimes ? Il ne ressentait rien, ni physiquement ni émotionnellement… mais fonctionnait très bien au travail ! Un jour qu'il venait me voir pour changer son rapport aux femmes, je lui demandai de me raconter son enfance, et plus particulièrement sa relation avec ses « premiers objets d'attachement », à savoir sa mère et son père. Il me décrivit la première comme relativement en retrait, tandis que le second prenait toute la place : celui d'un père coléreux et violent qui le frappait quotidiennement pour une raison ou une autre au moment du dîner, comme une façon de se défouler de sa journée fatigante. Pour ne pas donner à son père le plaisir de le voir pleurer, il s'était endurci jusqu'à se couper totalement de ses sensations, ne sachant plus ce qui le rendait heureux ou lui donnait du plaisir… Il a pu exprimer en séances toutes les émotions refoulées, puis nous avons reprogrammé son passé pour le libérer et lui permettre de vibrer plus en harmonie avec la vie.

Il n'empêche que je me dois de vous alerter sur un point important : je ne suis pas médecin et n'ai même pas tenté une première année de médecine… Alors, tout ce qui est contenu dans ce livre doit être envisagé sous un angle holistique ou de bon sens, et relève plus de mon expérience et de mes croyances que d'études scientifiques. Aussi, en aucun cas mes conseils ne pourraient se substituer à un avis médical.

Cela dit, oui, je suis convaincue que l'âme cherche sa guérison jusqu'à vous en rendre malade si besoin : insomnies, maux du corps, angoisses, allergies... Le corps garde la mémoire de nos souffrances d'enfant pour qu'adultes nous puissions un jour réparer, avec toutes nos ressources, notre maturité et notre courage de grand !

INTRODUCTION

« J'ai décidé d'être heureux
parce que c'est bon pour la santé. »
Voltaire

« Guérir », dans cet ouvrage, doit être pris au sens large : pour moi, c'est mener une vie épanouie, qui a du sens, dans le bien-être et l'amour.

L'âme cherche la guérison et nous guide à travers le corps, les rêves, les émotions, les peurs… elle cherche la libération, l'éveil.

Le corps est le vecteur, le messager : la partie visible et matérielle qui nous donne le plus d'indices.

Toute notre vie nous pousse à la guérison, et nous pouvons lui faire confiance en ce qu'elle nous mènera là où nous devons aller la chercher, elle nous proposera exactement les expériences et rencontres que nous devons vivre, et autant de fois que nécessaire, pour que nous ayons la chance de nous libérer.

Peut-être à certains moments vous est-il arrivé d'avoir la sensation de répéter des boucles, comme si le passé recommençait : une relation de couple difficile qui vous donne le sentiment d'être abandonné, une nouvelle trahison qui renforce votre rancune et cette impression que vous ne pouvez faire confiance à personne, encore un licenciement qui vous donne l'impression d'être rejeté et de ne rien valoir…

Vous pouvez faire confiance à la vie pour vous aiguiller et vous orienter vers le bon chemin, quitte à refaire un tour sur place jusqu'à ce que vous preniez le bon embranchement : tout est absolument juste et parfait, et tout ce qui vous arrive est un pas de plus dans la direction de la réparation, même si ça fait mal, même si cela vous semble si injuste que vous en éprouvez de la rage ou du découragement... Plus vous résisterez, plus l'intensité de la souffrance augmentera, passant d'un niveau énergétique à un niveau mental, puis émotionnel et enfin physique. Quand votre corps exprime des maux, c'est que la souffrance est déjà là depuis quelque temps : à vous d'être bien à l'écoute de vous-même pour réagir avant que le symptôme ne hurle en vous pour se faire enfin entendre, causant parfois des dégâts irrémédiables !

Ce que vous refusez de changer, alors même que votre petite voix vous le murmure, vous reviendra encore et encore jusqu'à ce que vous n'ayez plus le choix. C'est votre âme qui vous guide ! Suivez-la donc dans le flux de la vie, confiez-lui les rênes, car elle connaît le chemin, cette voie du désir et de la joie qui ne connaît pas la peur, ni le mensonge et qui vous mènera à votre destinée.

1 - COMPRENDRE LA SANTÉ

« La maladie est une alerte,
un appel au secours de votre âme
pour vous demander de remonter
votre niveau d'énergie et évoluer. »
Sophie Magenta

Pour bien comprendre comment fonctionnent la santé (au sens global) et le bien-être, il nous faut obligatoirement parler d'énergie et de fréquence vibratoire.

Saviez-vous que tout, absolument tout ce qui nous entoure est énergie ? Cette chaise sur laquelle vous êtes assis n'est en fait que de l'air que croisent des atomes en rotation. Ce que nous prenons pour de la matière n'est que de l'énergie densifiée, aussi pour obtenir la guérison nous faudra-t-il dissoudre le problème qui, à cet instant, nous semble néanmoins massif !

De la même façon, tout ce qui existe vibre sur une certaine fréquence vibratoire, y compris vos cellules et chacun de vos organes : votre cœur vibre entre 67 et 70 MHz, tandis que vos poumons sont entre 58 et 65 MHz, quand votre foie se situe entre 55 et 60 MHz... Un corps en bonne santé vibre entre 62 et 68 MHz.

On constate par ailleurs qu'une maladie s'accompagne obligatoirement d'une baisse du niveau de fréquence : un plus faible niveau vibratoire nous rendant réceptifs à certaines maladies...

« La maladie, c'est l'effort que fait le corps pour retrouver son équilibre », disait Carl Gustav Jung, car nos cellules ont besoin d'un terrain sain, propre pour bien fonctionner.

Tony Robbins, le célèbre coach américain, le rappelle dans ses séminaires : « Lorsque votre corps est trop acide, trop pollué, il va déclencher un gros rhume, par exemple, pour se nettoyer, la fièvre permettant de transpirer les toxines et de les évacuer. »

Guérir consistera donc à ramener les cellules à leur niveau vibratoire optimal, à remettre en circulation l'énergie et d'une façon générale à élever autant que possible ce niveau. Car lorsque l'on parle de guérison on pense souvent maladie, mais les symptômes ne sont que la face émergée de l'iceberg : lorsque votre âme vous parle, elle utilise de nombreux signaux, mais si vous n'êtes pas assez attentif aux chuchotements, vous l'encouragez à devoir prendre sa grosse voix et alors, les symptômes apparaissent comme un langage plus audible, ou pas...

Les virus, bactéries, microbes ne seraient donc pas les seuls responsables de la maladie : le terrain fait tout !

Savez-vous que chacune de vos expériences (et même parfois celles vécues par un aïeul) s'est engrammée dans vos cellules pour y laisser une empreinte vibratoire ?

Le Pr David Khayat, cancérologue et chef du plus grand service d'oncologie médicale (cancérologie) de France, à l'hôpital de la Pitié-Salpêtrière à Paris :

« Pendant de nombreuses années, je dois le reconnaître, j'ai été assez réfractaire à l'idée que le stress, le malheur, la tristesse puissent être à l'origine du cancer. Mais, aujourd'hui, j'ai changé d'avis. Oui, j'ai l'intime conviction que notre vie spirituelle interfère avec notre ADN et est susceptible, selon, d'être prophylactique (protéger contre le cancer) ou, au contraire, terriblement délétère (favoriser le cancer) ! »

« Les maux du corps sont les mots de l'âme, ainsi on ne doit pas chercher à guérir le corps sans chercher à guérir l'âme. »
Platon

Pour que la santé soit présente, il faut que l'énergie vitale circule. Or, chaque fois que nous vivons une émotion forte qui n'est pas défluée (vidée), elle va créer un blocage énergétique et donc un symptôme… fragilisant notre métabolisme et provoquant une perturbation énergétique (en premier lieu la couche la plus subtile), psychique, émotionnelle et physique (la partie la plus dense étant touchée en dernier lieu) !

Et comme les choses sont bien faites, l'énergie ne se coince pas n'importe où : nos maux sont souvent très expressifs et nous expliquent gentiment l'origine du problème, pour peu qu'on leur prête attention. Il existe désormais une belle littérature pour comprendre nos symptômes, comme le très complet ouvrage de Jacques Martel : *Le Grand Dictionnaire des malaises et des maladies.*

Sans entrer dans le détail, il peut être intéressant de connaître quelques notions de bases, comme :

- nos principales blessures émotionnelles (et les croyances limitantes que nous avons installées en nous en même temps) ont eu lieu de notre conception à nos 6 ans (et se répéteront ensuite dans notre vie plus fort jusqu'à guérison, c'est-à-dire épuisement de la charge karmique[1]) ;
- le cerveau droit dirige le côté gauche du corps (partie yin, féminine, en lien avec notre capacité à accueillir, à féconder, notre sensibilité, notre intuition…) et le visage droit ;
- le cerveau gauche pilote notre côté droit (partie yang, masculine, en rapport avec notre capacité d'action, de mouvement, notre force, notre affirmation…) et le visage gauche ;

1 C'est la charge électrique produite au moment d'un traumatisme que l'enfant ne peut digérer sous peine de faire « disjoncter » son cerveau. Elle se déchargera progressivement dans son futur à l'occasion d'événements douloureux.

- nos émotions sont contenues dans la lymphe de notre corps (même celles qui sont très anciennes), aussi le massage drainant peut très bien accompagner une période de nettoyage personnel (comme au moment d'un deuil);

- notre corps est parcouru de méridiens (petits canaux) qui véhiculent l'énergie en empruntant chaque jour le même circuit aux mêmes horaires (aussi, par exemple, si vous êtes réveillé tous les jours entre une et trois heures du matin, c'est sans doute que votre foi est perturbée sur le plan énergétique);

- certaines zones du corps sont des zones réflexes: c'est-à-dire que le corps se retrouve dans cette partie. C'est le cas des pieds (*cf.* le massage de réflexologie plantaire qui permet de réguler les fonctions de l'organisme), des mains, du visage et des oreilles. Plus généralement, on considère que tout est dans tout, et que chaque soin offert à une partie de votre corps bénéficiera à l'ensemble;

- chaque émotion est reliée à un organe[2]:

- la joie et l'amour sont en relation avec le cœur;
- la colère est liée au foie;
- la tristesse aux poumons;
- la peur aux reins...

Voici le rythme de circulation de l'énergie dans votre corps et les émotions associées qui peuvent signaler une perturbation du méridien:

MATIN:

– De 7 h à 9 h: estomac (en lien avec l'angoisse).
– De 9 h à 11 h: rate/pancréas (soucis).
– De 11 h à 13 h: cœur (joie).

APRÈS-MIDI:

– De 13 h à 15 h: vessie (anxiété).
– De 17 h à 19 h: reins (peur).

2 « Le rythme biologique des organes et leurs influences émotionnelles », *materia-medica.canalblog.com*, 24 février 2019.

SOIR :

- De 19 h à 21 h : maître cœur (regrets).
- De 21 h à 23 h : triple réchauffeur (d'agression).
- De 23 h à 1 h : vésicule biliaire (rancune).

NUIT :

- De 1 h à 3 h : foie (colère).
- De 3 h à 5 h : poumon (tristesse).
- De 5 h à 7 h : gros intestin (culpabilité).

À VOUS DE JOUER

Afin de vous permettre de décoder le langage de votre corps, je vous recommande ici une technique très simple, que j'ai expérimentée avec succès pendant plus d'une décennie d'accompagnement et de pratique personnelle.

Pour comprendre les maux de votre corps, posez-vous les questions suivantes et répondez de façon spontanée (sans trop réfléchir) :

- Quelle est la fonction habituelle de cette partie du corps qui est affectée ? À quoi me sert-elle ?

- Quelle est la sensation dans mon corps ?

- Si le symptôme s'aggravait, qu'est-ce que cela m'empêcherait de faire ?

- Quand ce symptôme a-t-il commencé ? Que pouvait-il bien se passer à ce moment-là pour moi ?

- Y aurait-il un bénéfice secondaire pour moi ou les autres à garder ce symptôme ? S'il y avait un inconvénient à guérir, lequel serait-il ?

- Finalement, quel pourrait être le message de ce symptôme ? Que peut-il bien me révéler ?

Vous noterez que les questions sont formulées majoritairement au conditionnel, ce qui permet de lever la barrière de protection du mental.

Vous pouvez également dessiner le symptôme et associer, en même temps ou ensuite, des mots qui progressivement prendront sens. Passer par le dessin ou la métaphore nous permet de zapper le mental (cerveau gauche : partie rationnelle et analytique), qui filtre beaucoup et bloque même l'information (pour nous protéger). En passant par le dessin, nous sollicitons la partie droite qui est en lien direct avec notre intuition et la partie plus « intime » de notre être.

Il faut comprendre que lorsque notre corps souffre physiquement, c'est pour nous épargner une blessure émotionnelle qui serait pire encore pour nous (du moins, c'est ce que croit notre tour de contrôle mentale). C'est une stratégie qui a pour objectif de nous protéger. Remercions-le pour cela, puis, armés de notre courage et de notre foi, osons la guérison !

La prise de conscience est la première étape de la rémission, mais pas la seule… Il vous faudra ensuite vous libérer du déclencheur de la blessure en utilisant, par exemple, une des techniques présentées dans ce livre.

L'énergie du corps

« La force de l'âme éclaire l'esprit,
étend le génie, et donne de l'énergie. »
Jean-Jacques Rousseau

Le plan physique se situe sur une échelle de 0 à 20 000 UB[3] (unités de valeur sur l'échelle de Bovis), le plan énergétique entre 20 000 et 40 000 UB, et à partir de 40 000 UB on trouve le plan spirituel.

Chacune de ces fréquences correspond chez l'homme à certaines pathologies ou, au contraire, capacités.

Par exemple, une infection virale vibre entre 5 500 et 6 500 UB, quand un cancer se situe en dessous de 5 500 UB.

À 9 000 UB se trouverait actuellement le seuil de bonne santé, quand la moyenne des habitants en Europe serait de 6 500 UB…

Tableau de mesures biométriques (en UB[4])

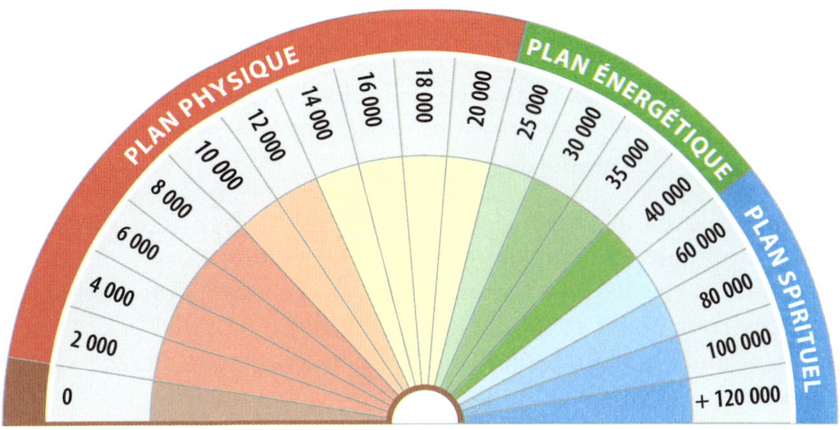

3 André Bovis était un physicien, inventeur et chaudronnier originaire de Nice. Dans les années 1930, ses recherches lui permirent d'établir une échelle de valeur afin de quantifier l'énergie vitale présente dans les aliments : l'échelle Bovis, qui mesure les unités Bovis (UB).

4 Pour en savoir plus : https://naturolistique.fr/le-biometre-de-bovis-comment-mesurer-les-unites-bovis/.

Plus nous allons vibrer haut, plus nos aptitudes seront fortes et notre santé excellente : autoguérison, magnétisme et don de guérisseur, intuition et médiumnité, clairvoyance et clairaudience, guérison de tiers…

Quant à l'activation de nos pouvoirs d'autoguérison naturelle, elle se situerait à partir de 60 000 UB, la guérison de tiers ou la voyance étant accessible à partir de 400 000 UB.

Est-ce parce que nous nous rapprochons de notre Créateur que nous développons des dons miraculeux ?

La question reste ouverte, mais toujours est-il que si c'est la magie que vous souhaitez, il va vous falloir vibrer plus haut et de là à ce que bientôt on vous traite de « perché »… il n'y a qu'un pas !

Il est important de comprendre que votre corps ne fait pas que se nourrir pour élever sa vibration, mais qu'il est également émetteur de fréquences, ce qui place l'humain dans un mouvement d'émission-réception, selon la loi de Bovis :

« Tout corps (dessin ou contour du corps), de forme allongée, quelle que soit sa longueur et quelle que soit sa nature, animale, végétale ou minérale, a la propriété de capter les ondes telluriennes lorsqu'il est placé en direction nord-sud. Si l'on donne à ce corps une forme géométrique quelconque, il deviendra émetteur et capteur d'ondes, quelle que soit sa position. »

Ainsi en vibrant haut, vous allez attirer les événements et situations de même fréquence : opportunités, belles rencontres, beauté… et contribuer à l'harmonie du monde !

Enfin, toujours selon Bovis, le vivant est animé par deux forces : la force montante tellurique et la force descendante cosmique. Ainsi l'homme, mais aussi tout ce qui vit sur Terre, est en équilibre dans son environnement et en pleine santé (évitant maladies et pathologies), quand ces deux forces sont au même niveau. « Perché », oui, mais « planté » aussi !

Cf. site www.naturolistique.fr	Plan physique	Plan énergétique	Plan spirituel
Détails de chaque plan	Tout notre monde matériel visible, audible et palpable : humains, animaux, plantes, objets, musique, etc.	Corps éthériques, aura, nadis, chakras, etc.	Âme, hauts lieux cosmo-telluriques, sanctuaires, fréquences spirituelles, univers ésotérique. Ces fréquences peuvent être ressenties à plus de 10 km.
Échelle après 2014 selon les élévations vibratoires de la Terre	0 – 20 000 UB	20 000 – 36 000 (ou 40 000) UB	36 000 (ou 40 000) – 930 000 000 000 000 UB

Quels sont les facteurs d'une baisse d'énergie ?

« Claude Bernard avait raison,
le microbe n'est rien,
le terrain est tout. »
Pasteur

Tout d'abord, faisons un tour d'horizon du terrain et analysons ensemble quels pourraient être les éléments qui diminuent votre taux vibratoire, afin que vous compreniez que, comme l'enseigne l'ayurvéda (la science de vie indienne) : « Tout est nourriture », et chacune de nos actions ou non-actions (en conscience) peut élever ou diminuer notre taux vibratoire.

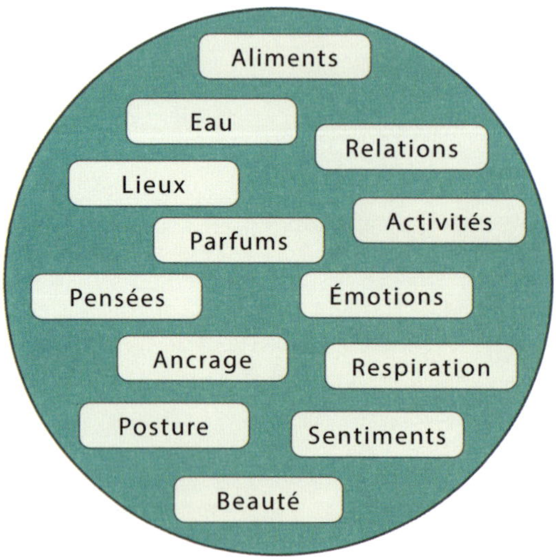

Voici quels peuvent être les facteurs d'un taux vibratoire bas :

- un mode de vie déséquilibré avec de nombreuses ruptures de rythme (manque de sommeil ou sommeil irrégulier) ;

- une mauvaise alimentation (sans vie, industrielle, raffinée, dénaturée et dévitalisée);
- un manque d'activités physiques et de lumière;
- les dépendances toxiques (drogues, tabac, alcool, sucre blanc), mais aussi les dépendances technologiques (réseaux sociaux, actualités, jeux…);
- les médicaments (qui souvent comportent de nombreux effets secondaires et fragilisent votre flore intestinale);
- la pollution de toutes sortes: l'air, la terre, les eaux, l'alimentation (agriculture comportant des pesticides, un transit et stockage trop long…), les vêtements (les étiquettes également), les produits d'entretien (comportant beaucoup de chimie);
- les nuisances sonores (électroménager, circulation, machines, outils…);
- les lignes à haute et basse tension;
- l'influence à grande échelle de certains médias avec la publicité, la violence gratuite dans les séries et films, la politique, etc.;
- les ondes électromagnétiques (Wifi, mobiles, micro-ondes);
- les perturbations géobiologiques des lieux de vie (avec des courants d'eau souterrains);
- une mauvaise respiration (respiration haute dans le thorax et rapide);
- trop de stress avec des soucis professionnels, familiaux, le manque d'argent…;
- une vie trop éloignée de la nature;
- des activités trop rationnelles et analytiques (cerveau gauche) et manque de créativité (qui vous met en état de flow et vous connecte à votre intuition);
- des activées vécues comme des corvées ou de façon injuste qui sapent votre moral;
- le manque de relations et la solitude forcée (qui limite vos besoins d'interactions et d'expression);
- des émotions parasites (qui durent et tournent en boucle) qui vous empoisonnent (souvent liées à votre passé), accompagnées de pensées toxiques (traumatismes, culpabilité, rancune, haine, peurs, deuils non faits…);

- un manque d'estime et de confiance en vous et en la vie, un excès d'exigence ou de perfectionnisme ;
- des conflits et relations toxiques (émotionnelles et énergétiques) avec d'autres personnes qui nous entourent (attention aux « jeux interdits[5] » : victime - sauveur - bourreau) ;
- les mémoires familiales ou karmiques (datant d'anciennes vies), etc.

Voici quelques exemples, sachant que la vibration des aliments en zone neutre se situe actuellement à 12 000 UB :

Produits toxiques (<1 000 UB)	Aliments toxiques (<1 000 UB)	Aliments sans vitalité (1 000-4 000 UB)	Autres
Tabac	Aliments pourris	Aliments industriels raffinés (sucre, farines, graisse)	Eau du robinet (entre 2 500 et 5 000 UB)
Alcool			Plomb et aluminium (3 000 UB)
Drogues			Cosmétiques synthétiques (3 000 UB)
Amiante			Bovins (4 000 UB)

5 Le triangle de Karpman, également appelé « triangle dramatique », est un jeu psychologique incontournable en analyse transactionnelle. Surnommé « jeux interdits », il donne l'illusion de nourrir son besoin de reconnaissance mais ne donne au final que des perdants !

2 - NETTOYER LE TERRAIN

« Quel âge avez-vous ?
Après toutes vos années de vie, votre jardin
doit être envahi de nombreuses mauvaises herbes…
Pour bien commencer, dégageons le terrain ! »
Sophie Magenta

Comment pouvez-vous imaginer jouir d'un magnifique jardin et semer les plus belles graines si celui-ci est recouvert de chiendent et autres pissenlits ?

J'entends par là votre passé, dans ce qu'il peut comporter de plus désagréable, de souffrances et croyances limitantes, qui vous font croire que vous êtes une pauvre victime de vos parents, votre éducation, la société, etc. Toutes ces choses sont votre défi : vous êtes venu sur cette Terre pour les nettoyer, les guérir et ainsi accomplir votre nature universelle de jardinier, rendant ainsi au monde son visage paradisiaque. Oui, votre monde peut être l'Éden qu'il était au commencement, oui, vous conservez en vous la trace de cette toute première cellule, celle qui contient l'état d'homéostasie (ou de santé parfaite) avant que la division cellulaire ne débute. Cet état d'unité que nous avons perdu dès la première seconde de notre conception existe encore quelque part, à nous de le rechercher pour nous y ressourcer à chaque fois que nous en ressentons le besoin…

Les souffrances de votre vie ont créé des programmes : ces façons automatiques que vous adoptez machinalement pour vous laver les dents ou conduire votre voiture, sans même y penser. À partir de 35 ans, on considère que 95 % de nos façons de faire sont robotiques : nous répétons inlassablement nos boucles sans y mettre plus de conscience, jouant de nos habitudes la routine du petit personnage. C'est en cela que le petit bonhomme ne peut pas s'éveiller : que pourraient faire 5 % de pensées libres contre 95 % de conditionnements ? À jouer à ce niveau de jeu, nous ne pouvons qu'échouer, c'est couru d'avance ! Combien de bonnes résolutions du jour de l'An ont été oubliées avant le 10 janvier ? Combien de régimes alimentaires ont terminé en eau de boudin ? Combien de rêves ont-ils terminé en fumée ?

Einstein disait qu'on ne peut résoudre un problème au niveau où il avait été créé. Et il avait raison !

Si nous voulons évoluer, il va nous falloir prendre de la hauteur : devenir plus conscients, plus lumineux, plus amoureux de la vie, pour transformer non seulement notre regard par ce nouveau point de vue, mais encore toute notre existence.

En nous élevant, nous nous rapprochons des cieux : nous devenons plus énergie et moins matière, nous ne sommes plus dupes du jeu et, par là même, nous devenons créateurs de notre vie.

Alors on tombe le masque et c'est parti pour le grand nettoyage de printemps !

Que doit-on guérir ?

« Avant de guérir quelqu'un, demandez-lui s'il est prêt à abandonner les choses qui le rendent malade. »
Hippocrate

Les chamans considèrent que, dans notre incarnation, nous aurons à guérir une blessure symbolique : la plus importante, peut-être à la source de toutes les autres, comme une empreinte souche qui façonnerait notre personnalité, c'est-à-dire nos traits de caractère, nos humeurs, notre façon de voir la vie…

Quelle leçon principale êtes-vous venu travailler dans cette vie ? Quelle est votre blessure d'âme ?

Aujourd'hui, de plus en plus de personnes connaissent les « 5 blessures de l'âme », qui ont été popularisées par Lise Bourbeau et trouvent toutes leur origine dans la prime enfance :

- le rejet (masque du fuyant, enfant non désiré et pas accueilli par le parent du même sexe) ;
- l'abandon (masque du dépendant, manque de lien avec le parent de sexe opposé et manque de nourriture affective) ;
- l'humiliation (masque du masochiste, souvent humilié par sa mère) ;
- la trahison (masque du contrôlant, enfant se sent trahi par le parent de sexe opposé en ne recevant pas assez d'attention) ;
- et l'injustice (masque du rigide, l'enfant ne parvient pas à s'affirmer face à un parent de même sexe froid et autoritaire).

Et c'est ainsi que se forge notre masque, notre ego...

Et si avant même ces toutes jeunes blessures, il y en avait une encore bien plus profonde ?

La fameuse « blessure originelle », dont parlaient déjà les soufis et qui inspira l'ennéagramme[6]. Cette blessure qui trouve son origine dans la séparation avec la source divine, à laquelle chacun de nous a choisi de réagir de façon intellectuelle (avec la peur), instinctive (avec la colère) ou émotionnelle (avec les sentiments) : l'âme arrivant dans un tout petit corps est tout d'abord effrayée, puis en colère, et enfin comprend que, pour survivre, il va falloir créer du lien émotionnel avec les autres...

Guérir pourrait vouloir dire alors en finir avec la séparation, retrouver notre unité : en nous-mêmes d'abord, et avec tout ce qui est ensuite. Quitter l'illusion de la séparation pour comprendre que nous sommes tous reliés.

« *Mitakuye Oyasin* », disent les Amérindiens !

---

6 C'est un modèle de la structure de la personne humaine. Ce modèle aboutit à neuf configurations différentes de la personnalité.

Cette salutation des Sioux Lakotas signifie « au nom de toute ma parenté », ce qui sous-entend que tout est relié, et que tout ce qui est dans la nature et en nous-mêmes est interdépendant…

Et comme pour nous donner raison, le premier pas de la guérison est l'acceptation de notre problème, quand bien même nous ne pensons qu'à faire cesser le trouble en nous (souvent assez légitimement d'ailleurs, car notre souffrance peut être très intense). Et ce plus petit degré qu'est l'acceptation, juste reconnaître que « oui cela existe » en nous ou autour de nous, c'est déjà de l'amour… Accepter ne voulant pas dire être d'accord avec, cautionner ou même souhaiter, mais juste voir, entendre, sentir que c'est bien là et peut-être, dans un second élan, nous mettre à écouter sans parler (de nos jugements, de nos peurs, de nos critiques), juste écouter ce qui est là, présent, qui est langage…

Alors si nous écoutons vraiment, en laissant le silence se faire à l'intérieur de nous, peut-être que le symptôme ayant été entendu pourra passer son chemin, puisque nous aurons compris son message.

Ce qui est rassurant, c'est que notre corps est absolument merveilleux : il possède une intelligence inouïe qui nous accompagne dans cette vie pour nous permettre d'évoluer, de nous élever. Il nous parle fort dès que nous nous éloignons du chemin. **Il est notre compagnon de route vers l'amour** : c'est vers lui et à travers lui que nous avançons. Et que penser de ces témoignages de personnes qui ont vécu des EMI (expériences de mort imminente), et qui témoignent toutes qu'une fois qu'elles ont suivi la lumière blanche et qu'elles sont arrivées en haut, la seule question qui leur a été posée était :

« Comment as-tu aimé ? »

(Sous-entendu, toi et les autres.)

L'âme cherche sa guérison et, pour l'obtenir, elle devra prendre les chemins de l'amour… Quels que soient notre jeu et les niveaux où nous en sommes (nos blessures), nous sommes là pour jouer à l'amour !

Saviez-vous que le mot « diable » vient du latin *diabolus*, du grec διάβολος / *diábolos*, signifiant « celui qui divise » ou « qui désunit » ? Alors que l'amour incite à l'union…

Guérir quoi ? Eh bien, tout ce qui nous divise (faisant baisser nos vibrations), nous éloigne de notre être profond, de notre essence divine, à l'intérieur de nous, mais aussi face aux autres ! Du « non-amour » en résumé...

Comment identifier les mauvaises herbes de son jardin ?

« Si tu es malade, recherche d'abord ce que tu as fait pour le devenir. »
Hippocrate

Bien entendu, vos symptômes physiques (allergies, maladies, douleurs...) sont assez « sonores » pour que vous puissiez les entendre. Mais il existe également d'autres formes moins visibles (peut-être pour l'instant...), qui peuvent vous révéler des problèmes que vous portez :

- sentiments désagréables récurrents (colère, déprime, rancune...);
- stress élevé ;
- fatigue élevée;
- conflits fréquents;
- célibat durable et non désiré;
- pénurie financière, dettes;
- échecs professionnels;
- posture du corps;
- manque d'estime de soi ou de joie véritable;
- ...

Tous trouvent leur origine quelque part dans votre vie, car l'Univers est d'une logique époustouflante !

Si vous avez la phobie des ascenseurs, vous savez que rester coincé une seule fois (il y a peut-être vingt ans de cela) peut suffire à installer un programme limitant pour très longtemps ! Nous gardons en mémoire dans nos cellules tous les événements émotionnellement forts de notre passé (nos mémoires sont émotionnelles, pour preuve vous vous rappelez ce que vous faisiez le 11 septembre 2001 quand les tours américaines se sont effondrées), souvent même très anciens, puisque le jeune enfant que nous étions ne possédait pas encore un cortex très développé qui lui aurait permis de relativiser… Il a tout vécu émotionnellement et a imprimé un programme, souvent limitant malheureusement, qui deviendra une chaîne !

De la même façon, si vous êtes « fauché », probablement qu'il y a une bonne raison à cela : peut-être que votre premier sou vous a été volé par un grand frère, que votre grand-père a fait faillite et s'est suicidé, laissant sa famille dans le besoin, que vous avez appris que l'argent était sale… Il y a toujours une origine à chaque problème !

Je vous propose donc de commencer par lister tout ce que vous souhaitez aujourd'hui guérir dans votre vie.

Tout d'abord à l'intérieur de vous, en vous demandant, par exemple, si vous ressentez bien dans votre vie les quatre émotions de base, car chacune possède une fonction vitale pour l'humain :

- **Joie :** signe que tout va bien (haute énergie).
- **Peur :** alerte d'un danger (l'énergie produite va dans les membres) et nous permet de faire face (fuite ou combat).
- **Colère :** signale un manque de respect, une injustice (l'énergie va dans les bras, le torse, la mâchoire) et permet de défendre notre territoire, de poser des « non ».
- **Tristesse :** nous permet de faire le deuil d'une situation ou d'un événement (énergie très basse).

Saviez-vous qu'une émotion réelle (en relation directe avec le stimulus) dure maximum dix minutes (à l'exemple des enfants qui s'autorisent naturellement à pleurer, crier, taper des pieds…) ?

Si vous êtes étonné, c'est que bien souvent les adultes que nous sommes ont appris malheureusement à taire leurs émotions, lesquelles deviendront souvent des émotions parasites (reconnaissables, car elles durent longtemps et ne déclenchent pas d'empathie chez l'autre), douloureuses et chaotiques :

- collection de timbres (lorsque l'on a accumulé beaucoup et que l'on craque pour une broutille) ;
- substitution (on porte le masque de la tristesse au lieu de se mettre en colère face à une injustice par exemple, ce qui ne déflue pas l'émotion de base) ;
- élastique (une vieille blessure de notre enfance utilise des contextes présents pour se manifester à nous, espérant ainsi enfin guérir, déclenchant une réaction disproportionnée face à un moindre stimulus) ;
- patate chaude (lorsque nous avons hérité de nos aïeux, une blessure plus ou moins consciente).

Il est fondamental de disposer et d'exprimer toutes ses émotions : verbalement ou physiquement. Vous pouvez faire du sport, marcher, crier, écrire… votre ressenti, et ainsi la charge émotionnelle se libère, vous permettant de retrouver votre vitalité (votre sommeil, votre ligne, votre sérénité…).

Après avoir pris conscience de ces mécanismes, qu'en est-il pour vous ? Qu'avez-vous besoin de guérir dans votre vie ?

Physique	Émotionnel	Intellectuel (pensées, croyances)
poignet	Tristesse	culpabilité c'est ma faute
Dos	Anxiété	Je suis pas assez bien
Raideurs		Je n'ai rien à donner

Puis autour de vous (dans votre monde, les situations qui dépendent de vous) :

Relations	Situations	Biens matériels	Loisirs, voyages...
Deuil mort	Ancrage	✓	✓
parents	Formation		
Dep Affective			

Votre vie, à travers votre corps et les situations que vous traversez, est le témoin fidèle de ce que vous portez en termes de plan de jeu. Si vous êtes enfermé dans une boucle d'échec qui se répète, comme des relations amoureuses toxiques, par exemple, vous pouvez être sûr que c'est un indice de blessure à guérir… Il ne vous reste plus qu'à vous glisser dans la peau de Columbo !

3 - VOTRE BOÎTE À OUTILS

*« Le temps s'accélère et les vibrations de la Terre augmentent,
nous forçant à nous adapter. Heureusement,
de nouveaux outils rapides et efficaces voient le jour,
nous permettant d'évoluer pour être en phase avec l'Univers. »*
Sophie Magenta

La technique du champ mental pour nettoyer les pensées toxiques

« Où se logent nos mémoires ? Les physiologistes répondront que la mémoire se situe dans le cerveau. On décrit savamment différentes régions du cerveau sièges des différentes mémoires (cortex, hippocampe, amygdale, striatum, système limbique, etc.). Mais très probablement nos mémoires se situent dans un champ ou un espace supralumineux extérieur (un peu comme le cloud de nos ordinateurs), et notre cerveau et ses différentes régions ne seraient que les capteurs de ces champs. Cela permet d'envisager un début de compréhension de cette thérapie du champ mental. Même si nous ne comprenons pas encore tous les mécanismes de cette technique, l'expérience quotidienne nous confirme tous les jours son efficacité. »
Docteur Frédéric Rérolle

Par pensées toxiques, j'entends les souvenirs douloureux (traumatismes petits ou grands), peurs, sentiments toxiques et les croyances limitantes.

Cet outil de nettoyage du champ mental est d'une efficacité si redoutable que, depuis que je l'ai découvert, je m'y suis non seulement formée (auprès d'un médecin lyonnais), mais j'en ai même fait un livre[7] et des ateliers de formation ! C'est vous dire combien cette technique a su me convaincre, non seulement par mon expérience personnelle et familiale (je l'utilise régulièrement pour mes enfants et moi-même), mais également par la pratique que j'en fais dans mes accompagnements professionnels auprès d'adultes, et aussi d'enfants, que ce soit dans le cadre de leur travail ou de leur vie personnelle.

Les résultats sont tellement stupéfiants que je propose en seulement deux heures un coaching flash, qui permet à la personne de repartir immédiatement allégée de toute une vie de souffrances : à celui qui ne dormait plus depuis des années, il retrouve le sommeil ; à cet enfant victime de phobie scolaire, il retrouve le goût de l'école ; à ce père torturé par la culpabilité de n'avoir pas su protéger sa fille d'un viol, il retrouve la sérénité… C'est assez magique ! C'est comme une cure de jouvence : on repart avec la sensation d'avoir la tête vide et de s'être allégé.

Sans parler de la pratique, qui est d'une simplicité enfantine… Mais le mieux est encore que vous essayiez.

À VOUS DE JOUER

1- Lister les pensées toxiques

Pour commencer, vous allez prendre un bloc de Post-it et noter dessus (par un titre de quelques mots à chaque fois) vos pensées toxiques en passant plus de temps sur les domaines de votre vie qui bloquent, en essayant d'être précis et exhaustif. Vous aurez peut-être besoin

7 Sophie Magenta, *Le Champ mental*, 2019, disponible sur Amazon.

de poser des questions à vos parents pour obtenir plus de détails (notamment sur votre conception, la grossesse, l'accouchement...) :

• les traumatismes de votre histoire personnelle (souvenirs douloureux depuis la conception et même déjà dans l'arbre généalogique) ;

• vos peurs (et même vos phobies) ;

• vos sentiments toxiques (haine, culpabilité, rancune, jalousie, honte...) ;

• vos croyances limitantes (tout ce que vous vous dites et qui vous freine dans la vie).

Si vous souhaitez faire un premier grand ménage, prévoyez d'y passer au moins une heure (plutôt deux pour bien faire). Vous pourrez y revenir à l'avenir autant de fois que nécessaire.

Une fois que vous aurez noirci une douzaine de petits papiers comme celui-ci :

- Accouchement au forceps.
- 2 ans : divorce de mes parents.
- Peur de l'abandon.
- 1995 : décès de mon grand-père.
- ...

Obligatoirement, vous ajouterez (car nous avons rarement eu des relations parfaites) :

- Relation à la mère de la naissance à 16 ans.
- Relation au père de la naissance à 16 ans.

2- Tester

Vous avez en outre la possibilité de vérifier que le nettoyage s'est bien effectué, puisque vous pouvez le mesurer en utilisant le TRM (test de réponse musculaire).

Vous testerez, si vous le souhaitez, chaque Post-it avant puis après le nettoyage énergétique.

Vous utiliserez simplement vos doigts (méthode que je recommande pour sa simplicité d'utilisation) : vous allez former un anneau en joignant le pouce et l'index de chaque main, que vous allez enlacer. Puis vous allez exercer une pression en écartant vos mains l'une de l'autre pour faire lâcher le croisement. Vous allez dire : « Je m'appelle X (votre prénom) », et exercer une pression. Les doigts doivent tenir pour marquer le test FORT (qui correspond à un OUI). Puis vous recommencerez en disant : « Je m'appelle XX (autre prénom) », puis pression. Cette fois, les doigts vont céder et indiqueront un test FAIBLE (qui correspond à un NON). C'est une très bonne façon de faire appel à votre intuition en une seconde avec, par exemple : « Cette activité est-elle bonne pour moi ? »

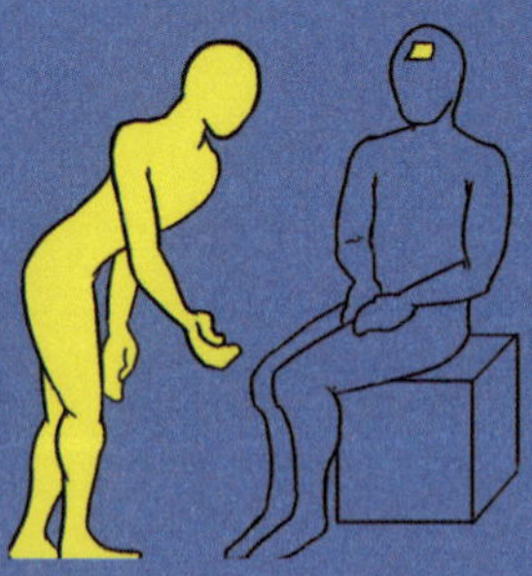

Et donc, vous collez simplement sur votre front chacun des petits papiers et, sans penser à rien, vous testez avec vos doigts : en principe le test est faible au départ, car il s'agit de pensées toxiques qui affaiblissent votre champ énergétique.

3- Nettoyer

Pour nettoyer sur vous-même : vous relisez ce qui est écrit sur le Post-it, puis vous collez le papier sur votre front, vous fermez les yeux, le corps assis ou allongé, détendu, vous ne pensez plus à rien, vous vous mettez juste en contact avec votre respiration, vous sentez l'air qui entre et qui sort par vos narines, et vous imaginez que quelqu'un avec sa main droite effectue un balayage (comme des petits moulinets d'air) de vos pieds à votre tête, puis avec sa main gauche recommence de votre tête à vos pieds.

Vous prenez ensuite une grande inspiration.

Vous rouvrez les yeux et vous testez de nouveau (sans penser à rien) : le test doit être fort cette fois, attestant que le nettoyage a bien eu lieu.

Vous recommencerez de la même façon pour chacun des papiers de pensées toxiques, et enfin vous remerciez mentalement ou à voix haute (à la toute fin de votre nettoyage).

Comment est-ce dans votre tête à la fin ? Il est assez amusant de relire un Post-it et de prendre conscience que ça ne vous évoque plus rien, puisque la connexion entre vous et la pensée a été coupée... Vous voilà bien allégé !

L'EFT (pour libérer les émotions négatives, les symptômes, les croyances limitantes)

« Lorsque nous écoutons, nous n'avons besoin ni de connaissances en psychologie ni de formation en psychothérapie. L'important, c'est de savoir être présents aux sentiments et aux besoins spécifiques que ressent un individu ici et maintenant. »
Marshall B. Rosenberg

Avez-vous déjà entendu parler de l'EFT, ou *Emotional Freedom Technique*[8] ? C'est une sorte de petite gymnastique qui permet d'agir sur notre corps et notre esprit, nous libérant de nos émotions bloquées (parfois depuis des années) en quelques minutes.

Les bénéfices sont multiples : stress, anxiété, fatigue, colère, tristesse, symptômes somatiques (maux de tête, de ventre, mal au dos...).

Si d'apparence « jouer » à l'EFT semble enfantin (il suffit de tapoter notre visage et notre poitrine sur neuf points tout en pensant à notre problème), les résultats sont bien réels et assez incroyables. En effet, les points sollicités sont bien spéciaux : points d'acupuncture, il s'agit de petites portes énergétiques qui vont nous permettre de nettoyer le négatif, pas moins que cela !

L'EFT peut également être utilisé avec des enfants en parlant de « points magiques à frotter ».

J'ai eu la chance de me former à cet outil en compagnie d'une équipe de médecins, avec Geneviève Gagos : formatrice et auteure de plusieurs ouvrages très intéressants sur le sujet. Personnellement, je suis convaincue par l'efficacité de cette technique, que j'ai

8 Technique de libération émotionnelle inventée par Gary Craig, ingénieur américain diplômé de l'université de Stanford.

complètement intégrée dans mon quotidien (comme une trousse à pharmacie ambulante), même si je ne l'utilise qu'occasionnellement avec mes clients, car cela répond à un objectif très spécifique.

Pour apprendre la technique de base (qui vous permettra seul de traiter 80 % de vos blocages), il vous suffira de quelques minutes seulement. Ensuite, à vous de pratiquer ! J'ai fait une vidéo[9] de quelques minutes sur le sujet si vous souhaitez vous initier.

Et si cet outil vous plaît, vous pouvez faire entrer l'EFT dans votre quotidien pour rentrer zen de votre journée de travail, ou démarrer votre prise de parole en public sans stress, ou encore évacuer en peu de temps une grosse colère...

À VOUS DE JOUER

- Phase d'introduction : définition du problème.

Je (me) demande quel est le problème ?

Quelle est son intensité ?

Où le problème se situe-t-il dans le corps ?

Exemple : je me sens très fatigué. Je note cette fatigue à 8/10. Je la sens dans mon dos.

- Phase de préparation : formulation du problème.

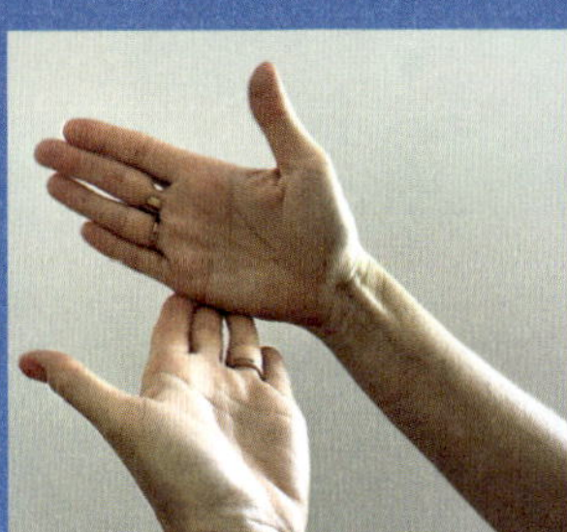

Je formule le problème le plus précisément possible (toujours au présent) et « j'équilibre » avec une pensée positive sur mes qualités d'être, sous la forme :

« Même si je... (le problème), je m'aime et je m'accepte complètement. »

9 Disponible sur ma chaîne YouTube : Sophie Magenta.

Exemple : même si j'ai mal à la tête comme si elle était serrée dans un étau, je me respecte totalement.

Exemple pour un enfant : même si j'ai mal au ventre, je suis une fille/un garçon génial.

Je commence par tapoter le point KARATÉ (6 ou 7 fois) tout en répétant la formulation 3 fois.

• Phase de tapotement : je tapote 6 ou 7 fois chacun des 9 points.

Je tapote, ou je peux masser, ou presser sur le point (et même me contenter de visualiser l'action).

Indifféremment d'un côté ou de l'autre, ou les deux à la fois.

Je continue avec ce qui est là (dégoût, tristesse, pensée…), et fais plusieurs boucles si nécessaire pour arriver à une intensité neutre : problème de départ à 0.

Si un souvenir apparaît ou une émotion tandis que je fais ma ronde, je m'en occuperai après en commençant une nouvelle boucle.

1 Centre du crâne

2 Bord du sourcil

3 Angle de l'œil (sur l'os)

4 Sous le centre de l'œil (sur l'os)

5 Sous le nez

6 Sous la bouche

7 Juste sous le début de la clavicule

8 Sous le sein (point sensible dans l'intercostal)

9 Sous l'aisselle (horizontale du sein)

Je peux enrichir ma boucle en poursuivant par les mains, en commençant par le pouce et en sautant l'annulaire : tapoter le bord de l'ongle, au niveau des cuticules, tout en répétant le problème.

À la fin de chaque boucle, prenez le temps de prendre une respiration profonde, puis évaluez de nouveau quelle est l'intensité jusqu'à ce que ce soit neutre.

Vous pouvez utiliser l'EFT en symptomatique ou en faire une séance complète, comme pour le champ mental. Dans ce cas, vous réfléchissez à un domaine de votre vie qui bloque et vous répondrez à la question suivante : « Qu'est-ce que je pourrais bien me dire qui explique que j'ai tel résultat insatisfaisant ? »

Et vous listez vos émotions parasites, vos croyances limitantes, vos souvenirs… qui seront les racines à arracher une par une, en commençant par celles de plus forte intensité. C'est donc plus long que le champ mental, mais très efficace !

Les techniques de lâcher-prise

LA MÉTHODE SEDONA

« J'ai commencé par me demander : "Qu'est-ce que je veux de la vie ?" Et la réponse a été le bonheur. En recherchant plus loin, je suis entré dans le moment où je me sentais le plus heureux.

J'ai découvert quelque chose qui me surprenait à l'époque. C'est quand j'aimais que j'étais le plus heureux. Ce bonheur équivalait à ma capacité à l'amour plutôt que d'être aimé. C'était un point de départ. »
Lester Levenson

Comme je suis partisane du moindre effort, j'aime les techniques simples et efficaces qui peuvent être utilisées de façon autonome, rapide et avec beaucoup de résultats ! Eh bien, en voici une autre justement pour se défaire, se décharger, se libérer... même si c'est bien souvent ce qui nous est le plus difficile, et néanmoins nécessaire à faire !

À l'origine, Lester Levenson était un homme qui avait réussi : on est en 1952 et à 42 ans, Lester, physicien et entrepreneur prospère, est au sommet du succès, mais il est malheureux et malsain. Il a de nombreux problèmes de santé, notamment une dépression, une hypertrophie du foie, des calculs rénaux, des troubles de la rate, une hyperacidité et des ulcères qui ont perforé son estomac. Il est en mauvaise santé, à tel point qu'après avoir eu sa deuxième coronaire, ses médecins le renvoient chez lui dans sa demeure de Central Park South, à New York, pour mourir.

Mais Lester est un homme qui aime les défis. Alors, au lieu d'abandonner, il décide de travailler sur lui-même et de trouver des réponses. Grâce à sa détermination, il parvient à réaliser ce dont il a besoin et trouve le moyen de laisser tomber toutes ses limitations intérieures. Il est tellement excité par sa découverte qu'il l'utilise intensivement pendant une période de trois mois. À la fin de cette période, son corps est redevenu totalement sain. De plus, il est entré dans un état de paix profonde qui ne l'a jamais quitté le jour de sa mort, le 18 janvier 1994.

Cet outil de lâcher-prise (sur ses pensées, sentiments ou ressentis désagréables) qu'il a créé se nomme SEDONA[10], et s'appuie sur l'idée que généralement nous restons accrochés, voire identifiés à nos émotions, alors qu'elles ne sont qu'une réaction d'adaptation temporaire de notre organisme. À présent, vous savez qu'une émotion réelle ne dure pas plus de dix minutes : elle est comme une vague qui passe pour nous permettre de produire l'énergie nécessaire pour faire face au déclencheur. Nous ne sommes donc pas nos émotions ! Si certaines d'entre elles durent plus longtemps, on appelle cela des émotions parasites (comme déjà vu). Pour ces émotions qui peuvent s'installer parfois comme un tempérament, vous pourrez utiliser une des deux techniques précédentes, en libérant au maximum la ou les origines du problème.

---

10 Technique inventée par Lester Levenson et partagée ensuite par Hale Dwoskin.

L'analogie utilisée par l'inventeur de SEDONA est celle de saisir fermement un stylo si longtemps que nous oublions que nous ne sommes pas ce stylo, et se rappeler qu'à tout moment nous pouvons choisir de le laisser tomber. Notre capacité à laisser tomber ce stylo démontre notre capacité à lâcher une émotion de façon identique en la laissant passer.

Cela est très adapté aux contrariétés mineures, ou quand il s'agit d'un problème qui ne dépend pas de moi. Dans ce cas, je n'ai pas besoin de me battre avec la situation.

Souvent, la libération s'obtient en étant authentique, en reconnaissant que nous pouvons lâcher prise dans ce qui arrive. Nous constatons que nous ne subissons plus alors ce que nous ressentons.

À VOUS DE JOUER

- Prendre le temps d'accueillir et ressentir pleinement ce qui me pèse, encore une fois, dans mon corps (où et comment cela se manifeste-t-il ? Exemple : une boule dans la gorge…).
- Me demander : « Est-ce que je peux lâcher prise ? » (si la réponse est oui, poursuivez, sinon recommencez un peu plus tard).
- Me demander : « Est-ce que je veux lâcher prise ? » (si la réponse est oui, poursuivez, sinon recommencez un peu plus tard).
- Me demander : « Quand ? », la réponse : « Maintenant. »

S'il vous reste un peu d'émotion ou de sensation désagréable, recommencez cet exercice jusqu'à la libération totale.

Vous voilà disponible pour accueillir de nouvelles belles aventures dans votre vie !

LA MÉTHODE HO'OPONOPONO

Ho'oponopono, avant d'être une petite méthode qui nous apporte en quelques instants la sérénité, est avant tout un art de vivre issu de la sagesse hawaïenne. Ce rituel de pardon et de réconciliation ancestral se pratique d'ailleurs toujours à Hawaï.

Cette philosophie se pratiquait pour aider à rétablir la paix en soi, mais également autour de soi, dans sa communauté, sa famille…

Elle apporte l'apaisement et la réconciliation en rétablissant l'équilibre par le pardon entre les différentes parties de nous-mêmes.

Voici quels sont les principes de base[11] :

- La réalité physique est une création de nos pensées.
- Une pensée juste et harmonieuse créera une réalité juste, harmonieuse et de paix.
- Nous prenons la responsabilité à 100 % de ce que nous percevons à l'extérieur de nous.

« La paix commence avec moi. »

Ho'oponopono vise à découvrir la Divinité en nous, pour développer une relation de coopération avec elle à l'intérieur de nous et apprendre comment demander que nos erreurs (pensées, paroles et actions) soient nettoyées. L'objectif est la liberté !

Pratiquer Ho'oponopono, c'est tout simplement, avec modestie, retrouver la paix en soi. Nous pouvons la pratiquer quotidiennement ou lorsque nous en ressentons le besoin pour nettoyer nos propres mémoires, nous accorder le pardon et ainsi ouvrir notre cœur.

---

11 Tels qu'édictés par Morrnah Nalamaku Simeona, à partir des années 1976, qui modernisa l'Ho'oponopono traditionnel afin de l'adapter au monde moderne occidental.

> **À VOUS DE JOUER**
>
> Ho'oponopono est une formule que l'on dit à l'intérieur de soi dès qu'un conflit, une émotion forte et négative surgissent à l'intérieur de nous :
>
> *« Désolé, pardon, merci, je t'aime. »*

Dans le détail, voici ce que signifient ces quatre mots :

- **Désolé :** signifie que je reconnais le conflit. Nous pourrions dire : « Je suis désolé de porter encore en moi cette mémoire erronée de mon passé qui me fait arriver ce problème dans ma vie. »
- **Pardon :** donne la possibilité de me pardonner à moi-même et à l'Univers d'avoir créé cette situation. Nous pourrions dire : « Pardon, mon âme, de porter encore en moi ce problème. »
- **Merci :** à notre âme, à Dieu, à l'Univers d'avoir réveillé cette mémoire qui était en moi afin de la nettoyer. Nous pourrions dire : « Merci, mon âme, de bien vouloir la nettoyer en la portant à la lumière divine. »
- **Je t'aime :** c'est le nettoyage de la mémoire limitante en envoyant une énergie d'amour à moi et à l'Univers. Nous pourrions dire : « Je m'aime. »

Mais nous nous contenterons, à chaque fois que nécessaire, de prononcer dans notre tête ou à voix haute : « Je suis désolé, pardon, merci, je t'aime. » Je vous invite à essayer dès que possible et à prendre le temps de sentir dans votre corps ce qui se passe, c'est assez étonnant de constater que notre vibration change immédiatement avec ce « mantra ».

Les mantras

En « symptomatique », pour vous permettre de stopper ce mental qui peut être très envahissant, vous pouvez utiliser une petite boucle de mots destinés à le faire « disjoncter ». En effet, répétés en boucle, les mantras servent à canaliser les pensées négatives, et donc à apaiser le mental pour revenir dans le moment présent.

Dans certaines traditions, on les utilise habituellement pour se protéger, ces formules sacrées étant censées être dotées de pouvoir spirituel.

Il existe cinq mantras très célèbres pour méditer qui s'utilisent depuis des millénaires, qu'il s'agit de chanter lentement en prenant soin de bien faire vibrer les sons en et autour de nous :

- **OM :** c'est le mantra le plus universel pour méditer qui représenterait le son de l'Univers. C'est le son d'origine, le son primordial, celui qui comprend tous les autres sons.
- **OM AH HUM :** il s'utilise pour nettoyer le lieu où l'on va réaliser la méditation, et il permet également d'augmenter notre concentration.
- **OM TARE TUTTARE :** il aide à concentrer la force intérieure et permet d'éliminer les obstacles internes. Il apporte confiance et courage.
- **OM NAMAH SHIVAYA :** il s'agit d'un mantra qui invite le bien-être et le bonheur.
- **OM MANI PADME HUM :** très puissant, il apporte la sagesse essentielle, l'union avec l'Univers.

Vous pouvez très bien créer et utiliser votre propre mantra. Celui de la reine d'Écosse Marie Stuart était : « En ma fin est mon commencement », qu'elle faisait broder il y a cinq cents ans sur ses robes...

Si vous êtes à cours d'inspiration, je vous en propose un très simple et efficace, qui libère les pensées en boucle et développe l'ancrage. C'est : « Je ne sais pas. » Vous pouvez le répéter sur tous les tons et aussi souvent que besoin, en boucle à certains moments, pour couper court à des questions dont vous n'avez pas la réponse.

Exemple : et si mon fils rate son bac ? Et comment je vais faire pour trouver un chéri ? Et si jamais j'ai un accident ? Autant d'hypothèses qui n'obtiendront pas de réponse à cet instant, et certainement pas de votre tête qui rumine en boucle...

En répétant « Je ne sais pas », vous allez constater que vous développez votre racine, mais qu'en plus vous faites de la place pour une solution bien plus créative, qui viendra non plus de votre tête, mais d'une partie plus profonde de vous-même : votre intuition, qui chuchote et a besoin de silence pour être entendue !

À VOUS DE JOUER

Pendant quelques minutes, vous allez vous installer confortablement et associer votre respiration à un mantra.

À l'inspiration (par le nez en gonflant le ventre), vous vous dites mentalement : « Je me bénis », vous marquez ensuite un stop de quelques secondes dans votre souffle poumons pleins (vous mâchez l'air), puis sur l'expiration (par la bouche), vous prononcez mentalement : « Je bénis le monde », tout en imaginant cette merveilleuse bénédiction emplir tout votre être, puis se diffuser sur la planète.

C'est absolument merveilleux ! Et cela vous permet de comprendre que vous êtes « UN » avec le monde : le bien que vous vous faites, c'est autant que vous offrez aux autres... inspire, expire...

Ces outils permettent, comme vous l'aurez compris, de nettoyer votre terrain pour en faire un beau terreau de croissance pour la belle pousse que vous êtes !

Plus vous allez libérer de blessures, plus votre taux vibratoire va s'élever, vous permettant d'accéder à de nouveaux états de conscience et d'être. Votre tête se vide de toutes les voix du passé, rabâchées par vos parties souffrantes. Ces poids lâchés, à la façon d'une montgolfière, vous allez naturellement vous élever avec plus de silence et de clarté mentale, laissant enfin le corps s'exprimer de toute sa sagesse pour vivre une expérience d'amour XXL !

4 - NOURRIR SES BESOINS, CAR C'EST DU VIVANT QUI S'EXPRIME

« Les êtres sont épanouis si les besoins sont comblés. »
Marshall B. Rosenberg

Pourquoi utiliser la CNV?

Lorsque vous souhaitez obtenir de bonnes performances sportives, vous êtes attentif à bien nourrir votre corps, peut-être avec un régime protéiné et des féculents juste avant une compétition, car vous savez que cela permet de nourrir vos muscles, et donc d'avoir de l'énergie !

Si cela vous semble logique, c'est que nous avons tendance à oublier que c'est notre corps qui se trouve chaque jour face à de nouveaux défis qui demandent que de multiples besoins soient nourris, et pas seulement d'un point de vue physiologique…

Pour vous sentir en forme et avoir une bonne énergie, vous devez alimenter vos différents corps (physique, émotionnel, mental, énergétique et même spirituel), car un besoin dont vous n'avez pas conscience et que vous mettez de côté prendra la direction de votre vie, vous faisant rater parfois des choses essentielles.

C'est le cas de cet individu, qui n'a pas pris conscience qu'il avait un besoin de sécurité si fort qu'il se sentait obligé d'amasser toujours plus d'argent, travaillant sans relâche, mais passant à côté de ses enfants et de sa femme qui un jour le quitteront : riche mais bien seul… et toujours inquiet ! Car un besoin se nourrit en conscience et plus d'argent ne sécurise pas, c'est à l'intérieur de nous que les choses se jouent.

J'ai eu la chance, lors d'une formation de dix-huit mois qui apprenait la posture d'accompagnant[12], d'être massée tous les quinze jours par une praticienne qui ne connaissait que la réflexologie plantaire, ce massage des pieds qui permet, outre de réguler les émonctoires et les différents systèmes du corps, de développer l'ancrage et la sécurité intérieure : une bénédiction pour moi qui était tellement en insécurité depuis toujours… Ce n'est pas pour rien que les Asiatiques ont coutume de dire que « le sourire vient des pieds » !

S'il existe de nombreuses façons de nourrir un même besoin (le besoin d'hydratation, par exemple, peut être nourri par de l'eau, un soda, du thé…), qui dépendront de notre culture, de nos goûts personnels, de notre imagination… la liste des besoins est universelle : tous les humains de la Terre partagent les mêmes, mais pas au même moment bien entendu, encore faut-il les connaître…

Selon Marshall B. Rosenberg (l'inventeur de la CNV[13]), voici la liste de ces besoins fondamentaux qui animent tous les humains :

- **Nourriture sur le plan physique :** air, nourriture, mouvement, protection (contre les maladies et prédateurs), repos, expression sexuelle, abri, toucher, eau.
- **Interdépendance :** acceptation, appréciation, proximité, communauté, considération, contribution à l'enrichissement de la vie, sécurité émotionnelle, empathie, honnêteté, amour, réassurance, respect, soutien, confiance, compréhension.
- **Jeu :** amusement, rire.
- **Communion d'esprit :** beauté, harmonie, inspiration, ordre, paix.
- **Intégrité :** authenticité, créativité, sens, estime de soi.
- **Autonomie :** choisir nos rêves, nos buts, nos valeurs, choisir des stratégies pour concrétiser nos rêves, nos buts, nos valeurs.

12 Cycle savoir-être (CLK Formation).

13 Communication NonViolente (sorte de grammaire émotionnelle).

- **Célébration :** célébrer la vie et la réalisation de nos rêves, célébrer nos pertes ; deuil des êtres proches, non-réalisation de nos rêves…

Lorsque vos besoins sont nourris, vous vous sentez en joie et votre énergie augmente. Dans le cas contraire, vos émotions et sentiments désagréables (peur, jalousie, colère, frustration, tristesse, déprime, ennui…) vous indiquent que vous devez nourrir un ou plusieurs besoins. Ainsi, en vous mettant à l'écoute de vos ressentis, vous savez immédiatement s'il y a lieu de nourrir le vivant en vous. **Vos émotions sont comme des feux de signalisation qui vous alertent sur votre circulation interne !**

La structure de la CNV intègre très bien « sentiment » et « besoin », pour terminer sur un passage à l'action, nous évitant de jouer les victimes, et surtout en nous responsabilisant entièrement quant au fait que c'est bien à chacun de s'occuper de lui, même si parfois on peut avoir besoin d'un autre (pour se gratter le dos, par exemple). Ce que j'adore dans cette forme de communication, c'est qu'elle nous invite à être créatifs et donc libres !

Imaginons que j'ai besoin ce soir d'amusement : je peux bien sûr me plaindre que mon mari ne soit pas très drôle (le rendant seul responsable de ma frustration), mais je peux aussi sortir chanter au karaoké, faire un jeu en ligne, écouter *Rire et Chansons*, regarder un film comique, me déguiser… À moi de faire preuve d'imagination, car je suis seul responsable de me rendre heureux !

À VOUS DE JOUER[14]

1 - FAITS

2 - SENTIMENT

3 - BESOIN

4 - DEMANDE ou ACTION

14 Vous pouvez télécharger et imprimer le processus et les ressources sur : https://www.cnvsuisse.ch/ressources/documentation/.

« Quand il se passe ou je me rappelle...

Je me sens... (sentiment formulé au présent)

Parce que j'ai besoin de... (*cf.* la liste des besoins)

Aussi, je te demande de... ou je décide de... »

L'autre est libre bien sûr de refuser (sinon la demande était un ordre), à moi de trouver une alternative pour me nourrir quand même en étant créatif !

Par exemple, si j'ai besoin de repos ce soir, je peux demander à mon mari de préparer le repas, ou me faire livrer des sushis, ou jeûner, etc.

Je vous invite à imprimer la liste des besoins et à l'afficher dans un endroit bien visible chez vous, afin de régulièrement déterminer lequel ou lesquels de vos besoins auraient besoin de nourriture aujourd'hui afin de cultiver votre bonheur...

Prendre sa place et s'affirmer

Depuis de nombreuses années, je donne des formations à des managers au sein de l'EM Lyon sur cette thématique, et je suis éblouie par les bénéfices en termes de guérison que cela leur procure... Thème d'autant plus intéressant pour moi que j'ai passé la première partie de ma vie à ne pas oser, à m'excuser, à avoir peur de déranger, que l'on ne m'aime plus... Quelle sottise !

Alors que j'occupais un poste à responsabilités de directrice régionale dans une importante entreprise, un jour mon directeur m'asséna une phrase que je me répète encore aujourd'hui : « **Une place, ça ne se donne pas, ça se prend !** »

Énorme déclic pour moi à l'époque, qui eut une cascade de répercussions dans ma vie, et qui probablement marqua un virage et le début de ma deuxième vie !

Mais que signifie, prendre sa place ?

Eh bien, la sienne, juste la sienne, mais toute la sienne ! C'est-à-dire arrêter de reculer dans sa vie, de se sacrifier, de s'occuper du bonheur des autres, craindre leurs réactions, appréhender de les décevoir… et investir pleinement son propre espace : habiter son corps, écouter ses émotions, nourrir ses besoins, s'honorer et s'aimer inconditionnellement. Vous avez non seulement le droit, mais en plus le devoir d'incarner pleinement qui vous êtes, de vibrer votre essence, de rayonner votre nature profonde.

Vous avez le droit de poser des limites aux autres et de vous respecter dans vos rythmes, vos états internes, vos envies… et donc de dire « NON » quand une demande n'est pas juste pour vous, sans que vous ayez à vous justifier, sans craindre d'être rejeté. Rappelez-vous qu'un « NON » à l'autre est un « OUI » à vous-même, et que bien souvent nos anciens « OUI » de « béni-oui-oui » n'étaient que des tentatives hypocrites pour acheter l'amour et la reconnaissance des autres !

Plutôt que de tout donner aux autres jusqu'à se sentir vidé, espérant récolter les miettes de nos efforts, appliquant une pression insupportable sur l'autre (« Regarde tout ce que je fais pour toi, alors aime-moi. »), nous plaçant nous-mêmes en dépendance émotionnelle vis-à-vis de l'autre, il est préférable de commencer par se donner à soi-même.

Comme l'illustre bien l'hôtesse de l'air avec ses consignes : « En cas de dépressurisation de la cabine, des masques tomberont automatiquement et il convient en premier lieu de vous attacher le vôtre avant d'aider votre voisin. »

Oui, se reconnaître et s'honorer dans sa lumière et son ombre, c'est se reconnaître comme un être totalement sacré et parfait dans son imperfection unique et merveilleuse.

C'est quitter la communication des jeux interdits, nous plaçant tantôt en victime, sauveur ou bourreau, pour nous dire dans une parole vraie et authentique.

Et même la position du sauveur est à éviter (celui qui aide tout le monde sans qu'on ne lui ait demandé), car elle engendre épuisement et frustration. En outre, chaque fois que je joue au sauveur, j'ouvre ma porte énergétique et je laisse l'autre me piller et polluer… Alors on laisse sa panoplie de Superman au vestiaire, car on se rappelle qu'on est déjà Super sans ça.

Prendre sa place, c'est utiliser un « JE » qui se pose et se respecte, sans agressivité, manipulation ou fuite.

Apprenons à être alignés entre ce que nous pensons, ressentons et agissons, à parler vrai, à témoigner plutôt qu'argumenter, à demander plutôt qu'imposer, à nous montrer créatifs et motivés plutôt que tyranniques.

« Quand nous prenons la place qui est la nôtre, nous découvrons que nous sommes inébranlables. » Jack Kornfield.

S'autoriser le meilleur

Saviez-vous que la plupart des gens ont ce que l'on appelle une « inversion psychologique globale[15] », c'est-à-dire qu'ils ne pensent pas mériter d'être pleinement heureux dans la vie ? Donc inconsciemment, ils font en sorte qu'il y ait toujours un domaine de leur vie qui cloche… Éducation ? Croyance populaire ? Religion ? Quelle que soit l'origine de ce « on ne peut pas tout avoir dans la vie » (signifiant que nous aurions à choisir notre bonheur et en payer quelque part le prix), il s'agit de l'éradiquer, car c'est une croyance limitante malheureusement très répandue et totalement fausse !

Eckhart Tolle[16], que j'étais allée voir en conférence, disait ceci : « Vous ne pouvez pas empêcher les événements d'arriver, mais vous pouvez décider de votre réaction, de les accueillir également, avec détachement, qu'ils soient heureux ou malheureux. »

Notre bien-être est vraisemblablement lié à notre attitude, à notre regard sur les choses, et nous pouvons nous autoriser le meilleur et faire le choix de faire confiance à la vie, pour nous offrir à chaque instant ce que nous avons de mieux à faire ou à vivre pour servir notre évolution !

Le meilleur serait alors question de foi, de confiance, comme un concert aux notes parfois aiguës, parfois graves, mais toujours justes.

---

15 Pour en savoir plus sur une IPG, voir mon livre *Le Champ mental*.

16 Cet enseignant spirituel est l'auteur du best-seller *Le Pouvoir du moment présent*.

Si nous accueillons la vie telle qu'elle est, sans analyser, condamner, nier… alors nous avons l'espace pour contempler, savourer, aimer !

Et donc, non seulement il s'agit de s'autoriser, mais qui plus est de s'ouvrir au meilleur, car il est là, dans ce temps du présent, lorsque nous nous branchons sur la matrice de l'Univers : le soleil qui se pare de mille couleurs au couchant, le vent qui souffle sur le lac et le soleil qui y reflète ses éclats comme des centaines d'étoiles, le clapotis de la rivière qui s'écoule dans un mouvement continu et purifiant…

Rappelez-vous que notre essence est la joie, et que le paradis peut être ici et maintenant si nous ouvrons nos yeux et nos oreilles à ce bijou qu'est la nature, aux belles relations de notre vie, à ces talents en nous qui ne demandent qu'à s'exprimer…

Trouvez votre joie et vous serez au bon endroit ! C'est là qu'est le paradis !

À VOUS DE JOUER

La toute première chose à vérifier est : « Est-ce que je mérite d'être heureux ? »

Il ne faut jamais laisser passer une inversion au niveau de cette croyance primordiale, car c'est sur cette première « loi » (ou croyance fondamentale) que repose toute notre capacité à vivre une vie harmonieuse et joyeuse.

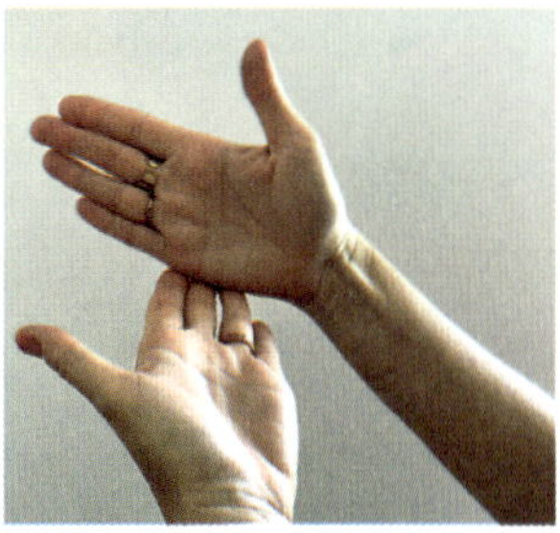

Pour la reprogrammer, vous allez tapoter le point karaté (situé au milieu de la tranche de la main) sur chaque main en répétant trois fois à voix haute :

« Je m'aime et je m'accepte complètement, avec mes défauts et mes qualités. » Puis vous changez de main et le faites de nouveau trois fois. C'est déprogrammé pour aujourd'hui...

Et pour que cela soit durable, vous devrez le faire tous les jours pendant un à deux mois minimum.

Ainsi, l'IPG (inversion psychologique globale) sera levée.

Le geste psy

Oui, l'homme a des pouvoirs illimités !

C'est ce que j'ai pu découvrir avec cette façon directe et peut-être la plus simple de se guérir. J'ai découvert ce protocole avec Jean-Pierre Girard[17], alors que je m'étais retrouvée un peu par hasard à un stage sur le thème de la guérison, qu'il animait. Je fus totalement surprise et émerveillée par le parcours et les dons de cet homme, d'apparence un peu loufoque, qui avait accompli tant de choses dans sa vie : de scientifique pour l'armée ou des laboratoires pharmaceutiques, à agent secret en passant par sujet « psy » dans plusieurs émissions télévisuelles... Le moment le plus fort du stage fut sans aucun doute celui où il tordit devant le groupe en direct une grosse barre de fer par le pouvoir de sa pensée (j'ai la vidéo sur mon téléphone pour ceux qui doutent) !

J'ai adoré le lien que fait cet homme entre tordre le fer par la pensée et la loi d'attraction et/ou la guérison : **tout est une question d'empathie et de foi !**

Il nous expliqua longuement que pour accomplir des miracles ce n'était pas notre cerveau droit (partie du cortex en lien avec l'imagination, la créativité, l'intuition...) qu'il fallait mobiliser en priorité, contrairement à ce que l'on pourrait imaginer, mais bel et bien la

17 Il possède des facultés de psychokinèse et provoque des phénomènes paranormaux (barres de fer courbées, bactéries détruites à distance...). Chercheur et scientifique, il est l'auteur de plusieurs ouvrages sur ces sujets.

partie gauche : cette zone du cerveau en charge de la communication, de la pensée logique et linéaire, rationnelle ! Aussi surprenant que cela puisse paraître, vous allez rapidement comprendre pourquoi : si l'enfant de moins de 7 ans prend pour « argent comptant » ce qu'on lui dit (en effet, il croit facilement à la petite souris ou au père Noël), c'est tout autre chose pour un adulte, qui a développé son cortex gauche justement, celui-ci faisant office de barrière de douane ! N'entre alors que ce que nous validons du point de vue de nos croyances.

Pour passer ce filtre, deux solutions : soit on détourne l'itinéraire en passant par le cerveau droit (c'est le cas lorsque l'on raconte une histoire, un conte, une anecdote... : autant de très bonnes façons de faire passer des messages aux récalcitrants), soit on obtient la pleine et entière adhésion du cerveau gauche à grand renfort d'arguments, de preuves, de certitudes, d'évidences ! Pour ma part, je suis absolument convaincue par cette technique, étant donné que je suis parvenue, moi aussi, à tordre une (petite) barre de fer par le pouvoir de ma pensée tandis que j'étais à ce stage... aussi incroyable que cela puisse sembler !

Ainsi, pour obtenir une guérison miraculeuse, il faudra tout d'abord se renseigner sur la maladie, d'un point de vue scientifique : comprendre ce qui se passe dans le corps, quelles cellules sont en cause, que doit-il se passer pour guérir (pour un cancer par exemple, il faudra développer les lymphocytes).

Faire grandir ensuite la certitude qu'il est possible de guérir en contactant des personnes qui se sont soignées (*via* des associations de malades par exemple) : il faut des éléments factuels qui ne peuvent laisser le moindre doute !

Puis il s'agit de travailler sur l'origine, car toute maladie à une source dans notre histoire... et autant d'émotions bloquées, probablement...

Et enfin, activer la force de son intention de façon totalement gratuite, sans calcul, de façon spontanée et le guérisseur en vous sera né !

À VOUS DE JOUER

1 - Mettre en place une SOLIDE CROYANCE (afin de lever les censures du cerveau gauche).

2 - Confirmer sa CROYANCE pour atteindre l'ÉVIDENCE (passer du mental à la conscience : c'est-à-dire faire sienne une croyance qui venait au départ de l'extérieur pour la transformer en une évidence sécrétée de l'intérieur).

3 - Faire de la place au DÉSIR et supprimer les « je veux » (car l'intention naît du désir, comme un jeu, avec le droit à l'erreur dans la détente).

4 - VISUALISER le résultat désiré comme étant déjà réalisé en faisant appel à son imaginaire et être en EMPATHIE (en amour) avec la personne/ ou soi-même, tout en restant SPECTATEUR.

Pour mettre en œuvre le geste psy, il faut se placer en face de la personne et lui prendre ses mains (ouvertes) dans les nôtres (en plaçant notre paume au centre de sa main), après avoir pris quelques respirations profondes pour nous centrer et adopter le bon état d'esprit (voir plus haut, en agissant avec générosité).

Lorsque nos mains sont en contact, nous dirons mentalement : « Je ne sais pas ce qu'il a mais je souhaite qu'il aille mieux. »

Puis nous resterons quelques minutes dans ce partage.

Lorsque nous utiliserons ce geste psy pour nous-mêmes, nous procéderons de la même façon, en plaçant simplement nos mains sur nos cuisses par exemple, pour ressentir pour nous-mêmes ce courant d'amour et de bienveillance qui peut être très émouvant parfois… Nous avons si peu expérimenté de nous donner à nous-mêmes directement de l'amour !

La conclusion est qu'il faut s'aimer, et qu'à trop donner à l'extérieur on peut s'oublier, ou en profiter pour se réfugier (on s'oublie).

Il convient d'abord de se donner à soi, de penser à soi, pour découvrir que ça n'est que du bonheur !

Lorsque l'on fait des choix conscients, des choix ressentis, des choix de désir, l'inconscient va répondre présent !

N.B. : pour booster son système immunitaire, il faudra diriger notre intention vers l'augmentation des lymphocytes, tandis que pour la jeunesse il faudra travailler sur nos télomères. Et rappelez-vous que le rire est la meilleure médecine, puisqu'il fait monter notre dopamine et nos endorphines, et que l'orgasme est un antalgique puissant...

5 - CULTIVER SON CORPS, CAR NOUS N'EN AVONS QU'UN !

« Fais du bien à ton corps pour que ton âme ait envie d'y rester. »
Anonyme

Avez-vous déjà réalisé toute l'intelligence qui existe dans votre corps et dans chacune de vos cellules ? Chacune d'elles sait ce qu'elle doit faire, une cellule de peau jouant un rôle de barrière, tandis qu'une cellule de poumon doit absorber puis expulser l'air… Notre corps est la machine la plus merveilleuse et la plus magique qui ait jamais existé ! Il garde la mémoire de notre histoire, la nôtre, mais aussi celle de nos aïeuls à travers l'ADN.

Saviez-vous que notre corps se renouvelle tous les quinze ans[18] ? Chaque jour, notre corps est en renouvellement permanent, de notre naissance à notre mort. Il est constamment remis à neuf ! Nos organes, nos tissus, nos cellules vont être complètement renouvelés plusieurs fois, à une fréquence plus ou moins élevée en fonction des cellules. Ce qui fait qu'au bout du compte l'immense majorité de nos cellules et de nos organes sont plus jeunes que nous. Seules exceptions, les neurones et les cellules cardiaques, où le renouvellement est très lent ou quasi inexistant.

18 Jean-Luc Nothias, « Pourquoi change-t-on de corps tous les quinze ans ? », *Le Figaro*, 15 mai 2008.

Notre corps compte quelque 100 000 milliards de cellules. Si on les mettait toutes bout à bout, on aurait un joli ruban de quelque 15 000 km de longueur. Il y a environ 250 types cellulaires différents, cellules du sang ou de la peau, cellules musculaires ou cardiaques, neurones, etc. Vingt milliards de ces cellules meurent chaque jour. Elles sont bien évidemment remplacées.

Les cellules ont des durées de vie variables. Une cellule de peau a ainsi une durée de vie de trois à quatre semaines avant d'être renouvelée. Un globule rouge vit, lui, quelque 120 jours. Une cellule de la rétine ne dépasse pas la dizaine de jours. Une cellule de foie ou de poumon vit entre 400 et 500 jours, tandis que les cellules tapissant la surface de l'intestin ne « tiennent » que cinq jours.

Des chercheurs suédois ont pu montrer que la plupart des cellules d'un corps humain ont moins de 10 ans. Les plus « vieilles », dans la catégorie de celles qui se renouvellent, sont les cellules des parois de l'intestin et celles des muscles des côtes, qui atteignent 15 ans. Ce sont donc celles qui se renouvellent le plus lentement. Ces études ont également confirmé que les neurones ont bien l'âge de celui qui les possède. Ou que l'on a bien l'âge de ses neurones.

Vous l'aurez compris, nos cellules sont intelligentes : c'est-à-dire qu'elles possèdent un programme, une mémoire, suivent un cycle de vie… Ainsi, si elles sont vivantes, nous pouvons considérer qu'elles sont soumises aux grandes lois universelles qui régissent toutes vies :

- « Ce que l'on nourrit grandit. »
- « Où la pensée va, l'énergie va. »
- « Des fréquences d'amour harmonisent, des fréquences de haine détruisent. »
- « Tout est dans tout » (chaque partie de notre corps est interreliée au tout, *cf.* la réflexologie plantaire).
- « Corps, cœur, mental et énergie interagissent en continu. »
- « Les gènes ne sont rien, c'est le terrain qui fait tout. »

Tout cela pour que vous compreniez qu'il est important de prendre soin de votre corps : il est votre bien le plus précieux sur Terre… Il sait mieux que vous ce qui est bon pour lui, à se demander finalement si la guérison ne consisterait tout simplement pas à lui

« donner les clés de la maison », c'est-à-dire à faire en sorte de faire taire notre mental, pour qu'enfin nous puissions nous laisser guider par la sagesse du corps !

Communiquer avec son corps et ses cellules

COMMENCER PAR ÉCOUTER

« Écoute, sinon ta langue te rendra sourd ! »
Proverbe cherokee

Pendant une initiation chamanique, j'ai eu l'occasion de pratiquer une transe par respiration holotropique[19] : celle-ci se pratique avec un encadrant formé et expérimenté ; aussi, je ne vous conseille pas d'essayer seul. Je vous raconte ici ce que j'ai découvert pendant ce voyage qui dura plus de deux heures : après quelques minutes de respirations très rapides et amples, mon corps est parti en transe. Comme un cheval à qui l'on ouvre la porte du box après une longue période en captivité, mon corps s'est rué dans tous les sens. Bien qu'allongée, j'assistais à une drôle de « cavalcade » : sans aucun contrôle, mon bassin se cambrait, mon ventre était agité de spasmes, mes bras tapaient… et dans cette agitation folle, j'alternais les hurlements et les pleurs… C'est comme si tout ce que j'avais retenu dans ma vie s'exprimait enfin ! Quelle libération ! Je comprenais que mon corps avait gardé en mémoire tous les épisodes sombres de ma vie, et qu'à cet instant où il était hors contrôle du mental, il savait très bien comment faire et où me mener pour me libérer… Il avait donc son intelligence propre ! Je voyageais à travers les années de ma vie, à travers les décors et pour une fois ça n'était pas la tête qui me limitait : j'étais dans le champ des possibles, capable de comprendre et obtenir toutes les réponses de l'Univers…

19 C'est une technique qui associe l'hyperventilation à la musique pour accéder à un autre niveau de conscience et expérimenter des états d'élargissement, d'ouverture.

Alors oui, j'ai la certitude aujourd'hui que le corps est intelligent et que l'on peut communiquer avec lui, mais pour cela, encore faut-il savoir écouter !

Quand on pense communiquer, on s'imagine tout de suite « parler ». Or, pour bien communiquer il faut avant tout savoir entendre... Et comment faire pour entendre quelque chose qui ne parle pas, me demanderez-vous ? Eh bien, il va falloir tendre l'oreille deux fois plus !

Pour que vous compreniez ce qu'écouter veut dire, je vous partage ici le poème de Jacques Salomé :

« Quand je te demande de m'écouter et que tu commences à me donner des conseils, je ne me sens pas entendu.

Quand je te demande de m'écouter et que tu me poses des questions, quand tu argumentes, quand tu tentes de m'expliquer ce que je ressens ou ne devrais pas ressentir, je me sens agressé.

Quand je te demande de m'écouter et que tu t'empares de ce que je dis pour tenter de résoudre ce que tu crois être mon problème, aussi étrange que cela puisse paraître, je me sens encore plus en perdition.

Quand je te demande ton écoute, je te demande d'être là, au présent, dans cet instant si fragile où je me cherche dans une parole parfois maladroite, inquiétante, injuste ou chaotique. J'ai besoin de ton oreille, de ta tolérance, de ta patience pour me dire au plus difficile ou au plus léger.

Oui, simplement m'écouter... sans excusation ou accusation, sans dépossession de ma parole.

Écoute, écoute-moi. Tout ce que je te demande, c'est de m'écouter. Au plus proche de moi. Simplement accueillir ce que je tente de te dire, ce que j'essaie de me dire. Ne m'interromps pas dans mon murmure, n'aie pas peur de mes tâtonnements ou de mes imprécations. Mes contradictions comme mes accusations, aussi injustes soient-elles, sont importantes pour moi.

Par ton écoute, je tente de dire ma différence, j'essaie de me faire entendre surtout de moi-même. J'accède ainsi à une parole propre, celle dont j'ai longtemps été dépossédé.

Oh non, je n'ai pas besoin de conseils. Je peux agir par moi-même et aussi me tromper. Je ne suis pas impuissant, parfois démuni, découragé, hésitant, pas toujours impotent.

Si tu veux faire pour moi, tu contribues à ma peur, tu accentues mon inadéquation et peux-être renforces ma dépendance.

Quand je me sens écouté, je peux enfin m'entendre.

Quand je me sens écouté, je peux rentrer en reliance. Établir des ponts, des passerelles incertaines entre mon histoire et mes histoires. Relier des événements, des situations, des rencontres ou des émotions pour en faire la trame de mes interrogations. Pour tisser ainsi l'écoute de ma vie.

Oui, ton écoute est passionnante. S'il te plaît, écoute et entends-moi.

Et si tu veux parler à ton tour, attends juste un instant que je puisse terminer et je t'écouterai à mon tour, mieux, surtout si je me suis senti entendu. »

Une façon très simple d'exprimer l'essence du message de votre corps est de vous parler en « langue[20] » : branchez-vous sur lui en commençant par vous centrer en prenant quelques respirations profondes, puis faites parler la partie plus sensible du corps ou le symptôme avec des mots qui ne veulent rien dire, des syllabes ou des sons. Vous pouvez gémir ou entonner un chant dont les paroles ne sont peut-être pas compréhensibles par la raison, mais que le cœur entend et comprend comme un message venant du plus profond de votre être. C'est extrêmement puissant et régénérant.

Vous pouvez également utiliser cette « langue des oiseaux » pour vous disputer et ainsi décharger la charge émotionnelle sans pour autant vous blesser avec des mots. En plus, cela vous fera certainement rire, alors c'est tout bénéfice.

20 Le parler en langue serait un langage spirituel qui ne peut être appris, ni compris par notre intelligence humaine. Avec ce langage surnaturel, nous communiquons directement avec Dieu. Il est aussi appelé « la langue des anges ».

À VOUS DE JOUER

Installez-vous confortablement au calme, en prenant soin de ne pas être dérangé, allongé ou assis (les pieds bien à plat sur le sol), puis fermez les yeux et commencez par prendre quelques respirations profondes en prenant soin de gonfler le ventre à l'inspiration (par le nez) et de souffler doucement (par la bouche) en rentrant légèrement le ventre. Relâchez vos épaules et desserrez la mâchoire. Quand vous êtes détendu, tournez votre attention vers l'intérieur de votre corps : sentez votre cœur qui bat ou votre poitrine qui se soulève à chaque inspire...

Puis commencez à voyager dans votre corps : de la tête vers les pieds, doucement, progressivement, allez écouter comment c'est dans chacune de vos parties, sans juger, sans critiquer ou commenter, juste écouter, sentir... Si vous sentez des tensions, restez un peu plus longtemps sur la zone et envoyez votre souffle dans cette direction, prenez le temps de ressentir et peut-être comprendre le message de cette tension (qui peut apparaître comme une image, une couleur, une forme, un mot...). Au fur et à mesure, vous allez sentir votre corps se détendre et s'harmoniser.

Comment c'est dans ma tête ? Sur le front, dans les yeux, les joues, la bouche, le menton, le crâne, le cerveau... ?

Comment c'est dans mon cou, ma nuque, ma gorge, mes cervicales... ?

Comment c'est dans mes trapèzes, mes épaules, mes bras, mes coudes, mes avant-bras, mes poignets, mes mains, mes doigts... ?

Comment c'est dans mon dos : du haut jusqu'en bas, dans mes reins, mon coccyx... ?

Comment c'est dans ma poitrine, mes poumons, mon cœur, mon estomac, mon foie, mon pancréas, ma rate, mes intestins, mon périnée... ?

Comment c'est dans mon bassin, mes cuisses, mes genoux, mes mollets, mes chevilles, mes pieds, mes oreilles... ?

À chaque sensation désagréable, après l'avoir écoutée, entendu son message, vous pouvez la libérer en étant créatif : vous pouvez imaginer qu'elle s'envole en fumée, qu'elle éclate comme une bulle de savon, etc.

VARIANTE

Vous pouvez également procéder en faisant un « body scan » :

Quelques respirations profondes pour se détendre, puis visualisez vos racines qui poussent dans la terre, à partir du sacrum et des pieds, et qui s'enfoncent sur l'expiration (au moins trois fois).

Ensuite, demandez-vous quelle partie de votre corps présente le plus de sensations (agréables ou désagréables) et demandez à cette partie quel est son message.

Puis imaginez que vous envoyez sur l'expire ce message dans la partie du corps concernée. Soit la sensation disparaît, soit elle continue : dans ce cas, demandez de nouveau au corps quel est son message et envoyez-le de nouveau dans la partie en question.

Et toujours, le plus important est de le faire avec amour !

SEULEMENT ENSUITE RÉPONDRE

Vous avez écouté votre corps (ce qui représente la majorité du travail), vous pouvez à présent lui répondre...

Notre corps est un média : il témoigne et incarne notre intériorité comme ce qu'il reçoit de l'extérieur. Il est cette frontière entre le dedans et le dehors, fidèle traducteur des informations et messages qu'il reçoit. Comme une sorte de pâte à modeler qui se façonne au fil de notre vécu, il ne cesse de s'adapter et se transformer avec nos blessures comme nos guérisons : ainsi, si une blessure d'humiliation provoque de l'embonpoint, une restauration de la dignité et de l'amour-propre affine immédiatement la silhouette. Même la posture du corps, voire sa structure, peut évoluer !

Notre corps est le témoin tangible, visible, qui nous permet de savoir où nous en sommes dans notre évolution. Sa matière s'actualise de l'information.

Pour lui parler, vous pourrez utiliser :

- des mots (idéalement formulés à voix haute) pour vous adresser à votre corps, votre esprit, votre cœur, un organe, les cellules dans leur globalité, vos cellules souches... ;
- la force de votre mental en réalisant des visualisations (de la situation désirée) ;
- le chant (très puissant par la vibration qu'il émet), il est très souvent utilisé dans les guérisons (qu'il soit traditionnel ou inventé) ;
- une langue qui n'existe pas mais qui est ô combien juste : il s'agit de parler à votre corps « en langue », c'est-à-dire en inventant des mots qui parleront à votre âme ;
- une communication non verbale : caresses, soins, baisers... ;
- une communication symbolique (un cœur tracé sur une partie lésée, par exemple, ou un parfum), selon votre inspiration ;
- nourrir ses besoins en changeant quelque chose ;
- et, d'une façon plus générale, tout ce qui peut provoquer en vous de la joie pour mener à l'acceptation, à l'unité en vous...

Informer ses aliments

Comme vous le savez, votre corps s'actualise selon l'information, bonne ou mauvaise, que celle-ci soit virtuelle (pensées, croyances, souvenirs…) ou réelle (alimentation, traitement, activité…).

Non seulement le choix de vos aliments (nous en reparlerons plus tard dans ce livre) joue un rôle important dans qui vous êtes, mais également la façon dont vous les consommez. Nous pourrions rappeler l'importance de manger doucement, assis, tranquillement, en bonne compagnie, etc., mais cela ne s'arrête pas là.

En effet, il est important de parler de choses positives au moment des repas afin de ne pas polluer nos mets avec des sujets toxiques : *exit* la politique, les conflits, les scénarios catastrophes, vos soucis d'argent… Ça n'est pas le moment de vous retourner l'estomac au moment même où vous nourrissez votre corps, d'autant plus que votre nourriture s'imprègne elle aussi de l'information ambiante, bonne ou mauvaise, virtuelle ou réelle… pour transmettre cette « saveur » au sang qui alimente tout votre corps !

Les repas sont donc un moment propice à se faire du bien, et notamment en informant vos aliments de vos intentions, vos bénédictions, votre gratitude, pour votre plus grand bien !

À VOUS DE JOUER

Installez-vous devant votre assiette en conscience, en vous rappelant que l'énergie contenue à l'intérieur prend la couleur de ce que vous lui envoyez.

Que vous soyez seul ou accompagné, rappelez-vous vos intentions les plus chères au moment de charger votre fourchette, puis de mâcher et enfin d'avaler votre nourriture.

Si c'est une santé parfaite que vous souhaitez, il s'agira au moment du repas de vous sentir plein de gratitude face à ces aliments qui vont vous apporter tant de vitalité, puis de les mastiquer en imaginant et en ressentant tout le bonheur à être en parfaite santé, comme si vous deviez donner un message à un pigeon voyageur, qui le transmettra bientôt à chacune de vos cellules. Vous pouvez également répéter une affirmation positive du type : « Je suis en parfaite santé. »

L'idéal est bien entendu de manger en silence, dans la conscience et la joie de partager vos intentions de cœur avec vos légumes et autres garnitures, comme vous le feriez avec d'heureux messagers.

Essayez et sentez l'énergie pétiller à l'intérieur de vous, c'est magique !

Vous pouvez le faire pour toutes vos intentions : abondance financière, harmonie relationnelle, nouvelle voiture, rencontre d'un amoureux… L'important est d'informer vos aliments et boissons pour qu'ils transmettent au sang, et donc à vos cellules. C'est tout votre corps qui vibrera bientôt au diapason de vos intentions, pour vous permettre d'attirer à vous toutes les jolies réalités que vous souhaitez voir arriver dans votre vie !

À pratiquer sans modération !

La respiration consciente

Force est de constater que le mal du siècle est le stress, qui nous affaiblit et fragilise notre système immunitaire. Et plus nous sommes tendus, moins bien nous respirons : nous pratiquons alors une respiration haute et courte, irrégulière, qui nous asphyxie littéralement ! Eh oui, les alvéoles pulmonaires sont plus nombreuses dans le bas du poumon… Le cœur s'use à battre plus rapidement, indiquant au corps qu'il peut y avoir un danger et sécrète alors du cortisol (hormone du stress). Notre organisme se fatigue et nous peinons à nous endormir, comme un moteur qui s'emballerait et ne retrouverait plus la pédale de frein…

C'est là qu'intervient la cohérence cardiaque, cet exercice qui installe un état d'équilibre entre le système nerveux sympathique (système d'adaptation qui se déclenche en cas de menace) et le système nerveux parasympathique (système de récupération une fois le danger passé).

L'idée est de ne respirer que six fois par minute (pendant cinq minutes), quand habituellement on est plutôt entre douze et quinze respirations… Pour obtenir des effets bénéfiques pendant quelques heures : baisser le niveau de cortisol et augmenter la DHEA (hormone de jouvence).

C'est comme si vous envoyiez un message au cœur, et donc au corps, du type : « Tout va bien, tu peux te détendre. » Très équilibrant et efficace sur le stress lorsque le temps d'expiration est égal à celui de l'inspiration, on peut également l'utiliser pour se détendre ou se dynamiser, selon qu'on réduise l'inspiration et allonge l'expiration, ou l'inverse.

L'important est toujours d'utiliser une respiration abdominale, c'est-à-dire de gonfler votre ventre à l'inspiration et de le rentrer légèrement à l'expiration (comme le fond naturellement les bébés). Il paraîtrait même que ces séries de respirations profondes auraient une action anti-âge : alors plutôt que le botox, ouvrez vos poumons et respirez à fond chaque jour, de préférence dans la nature et les pieds nus sur la terre, effet « *smile* » garanti !

En outre, une respiration de qualité permet à vos mitochondries (les cellules dans votre corps qui produisent l'énergie) de vous alimenter de façon optimale, évitant les « coups de mou », trous de mémoire, irritabilité…

Les anciens avaient coutume de dire que pour avoir une bonne santé, il faut penser à « mâcher » l'air, c'est-à-dire garder l'air dans nos poumons quelques secondes avant de l'expirer afin d'en retirer toute l'énergie.

Les études plus modernes ont confirmé l'intérêt de prendre quelques minutes chaque jour (par exemple au moment du coucher) pour suivre un rythme respiratoire précis, qui permet une meilleure oxygénation des cellules et un ralentissement des battements du cœur, avec à la clé plus de zénitude et un allongement de la durée de vie, sans parler des effets sur votre énergie et votre système immunitaire.

Enfin, respirer de l'air ionisé négativement est excellent pour la santé. Cet air est présent naturellement au bord de la mer, en haute montagne, auprès des cascades... À l'intérieur, on peut utiliser une lampe de sel.

À VOUS DE JOUER

À pratiquer idéalement trois fois par jour : matin (au réveil), midi (au moment du déjeuner) et soir.

Installez-vous tranquillement assis, debout ou couché, et réglez un réveil sur cinq minutes. Détendez-vous, le dos droit si possible, les épaules baissées, le ventre souple qui accompagne le souffle :

- pour la cohérence cardiaque, vous devez alterner inspirations (de cinq secondes) et expirations (de cinq secondes) ;
- pour vous détendre, choisissez, par exemple, un rythme de quatre secondes d'inspiration, quatre secondes de pause (poumons pleins) et six secondes d'expiration (ou six secondes d'expiration et deux secondes de pause poumons vides) ;
- pour vous dynamiser au contraire, je vous propose d'inspirer sur six secondes, de retenir sur quatre secondes, puis d'expirer sur six secondes.

Si vous voulez éviter de compter les secondes, il existe plusieurs applications à télécharger sur votre smartphone qui permettent de suivre la cadence, comme *RespiRelax* ou *Petit Bambou*.

INFORMER L'AIR QUE VOUS RESPIREZ

Si vous pouvez informer les aliments ou boissons que vous consommez, vous imaginez bien que vous pouvez en faire de même avec l'air que vous respirez... Respirer en conscience toute la journée, c'est impossible, me direz-vous !

Effectivement, sauf à entrer dans un monastère planté sur une montagne retirée du Tibet, cela me semble un peu compliqué...

Je vous propose soit d'utiliser les exercices respiratoires précédents en y additionnant la visualisation, et de procéder de la même façon qu'avec la nourriture : en inspirant, je me mets en contact avec mon intention et j'imagine que tout est déjà accompli, j'imagine le résultat et je ressens déjà la joie ou la fierté. Je peux utiliser une image qui représente mon intention, voire un tableau de visualisation (avec différents dessins ou images qui représentent des souhaits), et le regarder tout en respirant en conscience.

Soit vous pouvez utiliser une option plus « light » pour informer l'air que vous respirez : il s'agit de prendre simplement sept respirations conscientes et profondes trois fois par jour.

Ainsi, vous visualisez vos intentions et vous les communiquez à votre corps par le média de votre souffle. Cela permet d'informer votre sang quotidiennement de l'avenir que vous désirez pour votre vie !

À VOUS DE JOUER

À pratiquer trois fois par jour : matin (au réveil), midi (au moment du déjeuner) et soir.

Installez-vous tranquillement assis, debout ou couché. Mettez-vous en contact avec votre intention et détendez-vous, le dos droit si possible, les épaules baissées, le ventre souple qui accompagne le souffle (7 fois de suite).

- vous inspirez par le nez en imaginant que vous faites entrer en vous votre intention ;
- puis vous mâchez l'air, c'est-à-dire que vous bloquez pendant quelques secondes et restez en contact avec votre intention ;
- puis vous expirez par la bouche tout en imaginant que vous diffusez l'intention (l'information) dans tout votre corps, avec le ventre qui suit le mouvement.

L'alimentation et la boisson vivante

« Que ton aliment soit ta seule médecine. »
Hippocrate

Une révélation pour moi que d'écouter un jour le Dr Tal Schaller, avec qui je suis en relation, qui expliquait comment être heureux et en bonne santé. Je l'avais invité à donner une conférence avec son épouse, Johanne (qui est chamane). Je le revois la main en l'air, faisant le « V » de la victoire : « L'alimentation doit être vivante, variée et végétale ! »

Je ne suis pas diététicienne ou naturopathe, aussi vous parlerai-je de mon expérience et du bon sens que j'ai pu extraire de mes lectures sur le sujet.

V POUR VIVANT

Comme nous l'avons abordé en début d'ouvrage, pour qu'un aliment vibre et vous permette d'élever votre taux vibratoire, la première chose est qu'il soit vivant, c'est-à-dire cru ou légèrement cuit, frais et bio si possible afin d'éviter les pesticides.

Je vous invite selon les recommandations de ce docteur à consommer des fruits, légumes, graines, jeunes pousses, algues et oléagineux consommés au plus proche de leur état naturel.

« Une personne dont l'alimentation comprend environ 75 % d'aliments vivants, explique-t-il, jouit en général d'une énergie sans faille, et tous ses organes fonctionnent parfaitement.

Si la proportion d'aliments vivants diminue, le corps ne pourra plus assurer ses fonctions, et des symptômes vont apparaître : fatigue, dépression, allergie, insomnie ou maladies infectieuses de toutes sortes.

Ces maux traduisent les difficultés d'un corps qui ne parvient plus à maintenir des fonctions physiologiques normales en raison d'une déficience en éléments vitaux vivants. »

L'objectif est de pouvoir consommer des aliments qui ont conservé leurs enzymes et la majeure partie de leurs vitamines, et surtout l'avantage de préserver la santé en n'exigeant pas du corps des efforts trop importants pour assimiler les aliments.

Pour information[21], voici la fréquence vibratoire des aliments (quand un corps sain vibre environ à 65 MHz) :

- Aliments surgelés, transformés ou en conserve : 0 MHz.
- Herbes sèches : 15 à 22 MHz.
- Herbes fraîches : 20 à 27 MHz.
- Amandes crues : 40 à 50 MHz.
- Légumes verts : 70 à 90 MHz.

V POUR VARIÉ

Il ne s'agit surtout pas de se transformer en extrémiste de la diététique, et pour cela il faut revenir à la cuisine de nos grands-mères : un peu de tout et surtout, du changement. Manger local et de saison vous permettra de faire varier votre alimentation. Ainsi, vous éviterez les carences et surtout, vous conserverez le plaisir !

Pour ma part, je m'autorise un peu de viande, de fromage, un yaourt au lait de brebis ou un œuf, puisque le rappelle le docteur : « C'est le fait de manger trop souvent et en trop grandes quantités des produits animaux qui entraîne un affaiblissement de l'immunité et un encrassement du corps. »

Varier son alimentation permet donc non seulement de s'assurer un apport de tous les nutriments et de profiter de leurs combinaisons bénéfiques, mais aussi d'éviter la monotonie, de manger avec plaisir et de partager la convivialité d'un repas avec des amis ou des parents.

21 https://blog.passion-huiles-essentielles.fr/huiles-essentielles-vibrations-et-maladies/.

Sentez-vous libre et retrouvez la jouissance d'un avocat-crevettes saupoudré de graines germées : un vrai régal !

Avec « varié » vient la notion d'équilibre : l'aryurvéda[22] nous l'enseignait déjà, en ce que chacun de nous possède un type de combinaison d'énergie avec dominante Vata-Air, Pitta-Feu, Kapha-Terre ou un profil équilibré. La vie moderne, une alimentation déséquilibrée, le stress… ont tendance à mettre en excès certaines énergies dans notre corps (en général celle du « dosha » ou type dominant), créant au passage du symptôme et de la fatigue. L'alimentation va permettre de retrouver en nous l'équilibre de toutes les énergies (chaque aliment faisant augmenter ou diminuer en nous l'air, le feu ou la terre).

Par exemple, les crudités ou manger rapidement vont augmenter en nous l'air, les épices, le feu, et les céréales, les laitages ou manger lentement la terre.

V POUR VÉGÉTAL

Bien sûr, on nous a élevés bien souvent au verre de lait, au hamburger steak haché et aux pâtes à la carbonara, et c'est ce que nous appelons « l'alimentation normale ». Mais il y a beaucoup à gagner en favorisant les légumes.

Si vous êtes enrhumé, c'est aussi probablement que votre corps est intoxiqué, trop chargé pour bien fonctionner. Vos cellules ont besoin d'un environnement sain, aussi pour lancer une vidange provoquent-elles un événement qui permettra le nettoyage. C'est le signal d'une petite diète pour évacuer les toxines !

Pour ce qui est des protéines, nous pouvons opter pour les formes végétales : légumineuses, céréales complètes, l'avocat, etc., parce que les aliments animaux causent un encrassement de l'organisme. Sans compter que manger trop gras a tendance à acidifier le corps, provoquant toutes sortes de douleurs.

Enfin, privilégier la consommation d'aliments régionaux, biologiques et de saison, puisqu'une alimentation biologique vibre aux alentours de 9 000 à 10 000 UB, quand une alimentation industrielle

22 Science de vie indienne.

se situe entre 6 000 et 7 000 UB[23] (le seuil de la bonne santé / maladie). Donc, la première apporte de l'énergie, tandis que l'autre en pompe pour être digérée.

Et notre système immunitaire dépend étroitement de la qualité de notre flore intestinale (et donc la qualité de ce que l'on mange)...

VITALISER SON EAU

Grâce aux travaux du célèbre Masaru Emoto[24], on apprend qu'une eau chimiquement identique peut être qualifiée d'eau vivante, ou d'eau morte (eau déstructurée), et qu'elle garderait en mémoire les propriétés des substances avec lesquelles elle a été mise en contact, autrement dit : l'eau garderait une information.

Les bénéfices à consommer une eau dynamisée sont nombreux : meilleure hydratation et oxygénation des cellules[25] de notre organisme, récupération plus courte après une activité physique et une meilleure absorption des nutriments. Sans oublier la diminution des maladies cardiovasculaires.

Et les bénéfices ne s'arrêtent pas là : une eau dynamisée apporterait des ions négatifs, qui sont bénéfiques pour le bien-être et la santé (avec l'activation des enzymes qui booste le système immunitaire) et un rééquilibrage du métabolisme. Enfin, elle permet de diminuer les radicaux libres (antioxydants) qui sont responsables du vieillissement.

Alors, sauf à récupérer votre eau tout droit d'une cascade, comment pouvez-vous faire ?

Il y a trois grands types de « dynamisation » pour avoir une eau dynamisée (qui peuvent être combinés) :

- mécanique avec le principe du vortex ;

23 Source https://vibratis.fr/echelle-de-bovis/.

24 Docteur en médecine alternative auteur du livre *Les Messages cachés de l'eau*.

25 Selon Stéphane Dumortier, scientifique.

- électromagnétique avec l'exposition de l'eau à divers champs électromagnétiques correspondant à ceux naturels de la Terre et du cosmos ;
- ondes de forme avec la géométrie sacrée (pentagone, fleur de vie, cercle, pentagramme…).

À VOUS DE JOUER

L'idée générale est d'imprimer une information dans l'eau pour que celle-ci soit bien structurée et lui redonner ainsi son « potentiel vital ».

- Le vortex : placez votre eau (si possible en la versant de haut comme pour reproduire une cascade et introduire de l'air) dans un saladier en verre (évitez le métal et le plastique), et à l'aide d'une cuillère en bois, tournez rapidement dans le sens contraire puis dans le sens des aiguilles d'une montre afin de créer au centre un petit tourbillon.
- La lumière : placez votre eau dehors quelques heures au soleil (en bouteille ou saladier de verre).
- Les aimants : placez des aimants de magnétothérapie, ou encore des pierres naturelles magnétiques au-dessus et au-dessous (pôles opposés) de votre bouteille de verre (ou de terre) pendant deux heures.
- Le reiki[26] : si vous êtes initié, vous pouvez placer vos mains autour de l'eau pendant quelques minutes.
- L'argile : vous pouvez en mettre un peu (une cuillère à café maximum) dans votre carafe d'eau. Mélangez et laissez reposer quinze minutes avant de la boire.

26 Méthode de soin énergétique (d'origine japonaise) par imposition des mains.

- Les cristaux : pour revitaliser l'eau, les plus utilisés sont le cristal de roche, le quartz, l'agate, le jaspe... On peut les placer à côté de son eau ou faire passer l'eau au milieu de ces pierres.

- Les ondes de forme : en plaçant une fleur de vie (avec les ondulations basées sur la suite de Fibonacci[27]) sous une carafe par exemple, l'eau se réalignera sur la géométrie naturelle de la vie et sera ainsi dynamisée.

- La musique : si elle adoucit les mœurs, on dit qu'elle aurait le même effet sur l'eau (en privilégiant les musiques harmonieuses comme la musique classique).

- Du vivant pour créer une réaction : quelques gouttes ou une tranche de citron, une feuille de menthe ou une goutte de vinaigre.

- Les intentions/pensées : il s'agit simplement d'envoyer de l'amour et du positif à son eau avant de la boire (*cf.* les travaux de Masaru Emoto sur l'eau).

Quelle que soit votre manière, le plus important est d'y croire et ça fonctionnera (avec au minimum un effet placebo).

Et puis vous n'avez rien à perdre à essayer !

Quoi qu'il en soit, je vous propose de vous faire votre propre opinion en testant et évaluant si vous ressentez une différence.

27 En mathématiques, la « suite de Fibonacci » est une suite d'entiers dans laquelle chaque terme est la somme des deux termes qui le précèdent et commence par les termes 0 et 1. Elle est liée au nombre d'or (phi), et donc à la création naturelle (coquillages, fleurs...).

L'hygiène du corps

« La propreté est la moitié de la santé. »
Proverbe grec

Prendre soin de son corps peut s'entendre à l'intérieur comme à l'extérieur, car, tout étant dans tout, le bien que l'on se fait impacte l'ensemble !

Il vous est sûrement déjà arrivé d'enfiler votre plus belle tenue et de sentir votre sourire intérieur se dessiner... Tout ce que vous faites qui vous donne de la joie (masque de beauté, vernis à ongles, gommage...) est bon pour vous, à commencer par vous laver soigneusement.

LAVAGE

Lorsque vous prenez votre douche, vous pouvez en profiter pour demander à l'esprit de l'eau de vous purifier, vous régénérer, vous guérir, vous hydrater, équilibrer vos émotions... (eh oui, rien que ça !).

Et de temps en temps, offrez-vous si vous le pouvez un bon bain chaud, dans lequel vous aurez versé du sel marin enrichi de quelques gouttes d'huiles essentielles :

- lavande, bon pour la peau ;
- ylang-ylang, déstressant et bon pour la libido ;
- ravensare, décontractant musculaire.

Dix gouttes au maximum versées au préalable sur le sel.

Vous pouvez également ajouter quelques pétales de rose, et accompagner votre bain de musique douce et de bougies... Une vraie cure de jouvence...

Les sels sont riches en minéraux et oligoéléments et apportent soin et détente...

On dit, par exemple, du sel de la mer Morte (avec sa forte concentration en minéraux : potassium, sodium, magnésium, calcium, brome…) qu'il est reconnu pour ses vertus apaisantes sur la peau.

Le sel d'Epsom, quant à lui, riche en magnésium, soufre et oxygène, serait un excellent anti-inflammatoire et décontractant : il délasse vos muscles et articulations.

Le sel rose de l'Himalaya, riche en minéraux et oligoéléments, est réputé pour son pouvoir détoxifiant et régénérant. C'est un puissant antistress.

Enfin, les sels possèdent la capacité d'absorber les énergies négatives et ainsi, de vous purifier sur tous les plans.

Si vous prenez une douche, vous pouvez en glisser dans votre gant de toilette.

Et pour terminer le lavage, je vous recommande de vous rincer quelques secondes sous un jet d'eau froide chaque jour, ce qui en quelques jours augmente le taux de certains lymphocytes T[28] et donc, booste votre système immunitaire. De plus, l'eau froide provoque une sensation de bien-être, raffermit la peau, améliore la circulation sanguine, réveille tout l'organisme et décongestionne les organes internes…

Et soyons fous, vous pouvez ajouter un petit bonus afin de permettre à votre peau de mieux respirer : soit vous frottez toute la peau du corps vigoureusement sous la douche, soit encore mieux, avant le lavage sur peau sèche, vous passez la brosse (en fibres naturelles) dans le sens des canaux lymphatiques.

En effet, la peau est le plus grand des organes éliminatoires de l'organisme, en soutien des organes d'éliminations primaires que sont le foie et les reins. Le brossage à sec permet de libérer les pores pour favoriser cette élimination, tout en activant la circulation sanguine et lymphatique (et donc, l'élimination des déchets). Grâce à cette détoxination, vous assainissez votre organisme.

28 Ce sont des globules blancs (leucocytes) dont le rôle est la défense immunitaire de l'organisme face aux agressions infectieuses.

À VOUS DE JOUER

Le brossage lymphatique :

AVANT ARRIÈRE

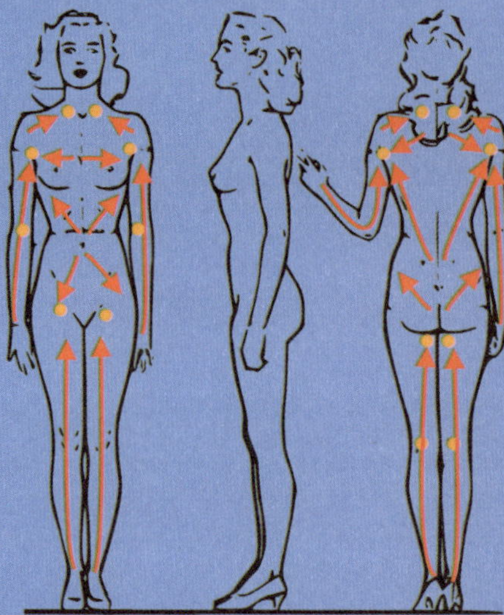

Commencez par des gestes très doux et adaptez.

Le principe de base est de se brosser des extrémités du corps (mains et pieds) vers le centre (les glandes).

Commencez par brosser vos pieds et vos jambes avec des mouvements doux.

Puis brossez vos mains et vos bras jusque sous l'aisselle.

Brossez le haut du dos et le devant, du dos vers le torse (en direction des aisselles). Faites toute la peau, sauf sur les parties sensibles du visage et les seins (ou avec une brosse plus douce).

Si votre peau rougit, c'est bon signe ! Mais restez léger et adaptez pour ne pas vous créer d'irritation.

Durée : trois ou quatre minutes.

N.B. : les Indiens complètent cette pratique par l'application d'huile pour le corps après leur douche, pour nourrir et assouplir la peau.

BOUGER ET TRANSPIRER

On l'avait oublié à force d'écouter les publicités pour les déodorants, mais c'est très bon pour notre organisme de suer au moins trois fois par semaine !

En effet, la transpiration participe à l'élimination des déchets et des toxines organiques qui circulent dans le sang, permettant au passage l'évacuation d'une partie des mauvaises bactéries du corps.

À vous de trouver les moyens... !

Si vous manquez d'inspiration, voici une petite liste :

- Faire du sport (dont je ne rappellerai pas par ailleurs les nombreux bienfaits sur la santé, comme renforcer le cœur et réguler la tension, maintenir le capital musculaire et osseux, favoriser le transit, mieux respirer...).
- Privilégier les activités d'endurance, appelées aussi aérobique[29] ou anaérobie, qui font appel à plusieurs muscles et sont pratiquées pendant un temps assez long (au moins vingt minutes). Elles sont bénéfiques au système cardiovasculaire.
- Par exemple : la marche rapide, la randonnée, le jogging, le vélo, la natation, l'aviron, le ski de fond... Allez, on prend la résolution de commencer par monter les escaliers à pied !

Comprendre ce qu'est une intensité modérée : on doit se maintenir dans une zone d'entraînement qui se situe entre 60 et 85 % de sa capacité cardiovasculaire maximale, que l'on définit en fonction de son âge. Comme point de départ, on prend 220 – son âge = X.

Pour trouver la marge inférieure de sa zone d'entraînement, on multiplie X par 0,60.

Pour la marge supérieure, on multiplie X par 0,85.

29 Signifie qu'elle consomme l'oxygène de l'air obtenue par la respiration pour disposer de l'énergie qu'elle dépense.

Exemple d'une personne de 50 ans :

220 – 50 = 170 bpm (battements par minute)

170 × 0,60 = 102 bpm

170 × 0,85 = 144 bpm

Donc, la zone d'entraînement aérobique d'une personne de 50 ans se situe entre 102 et 144 bpm.

Pendant son activité, elle devra donc maintenir ses pulsations entre 102 et 144 bpm (que l'on peut mesurer grâce à certaines montres qui mesurent en direct votre pouls), de préférence le plus près de 144 pour maximiser ses résultats. Et, en prime, ce type d'activités maximise le brûlage des graisses.

- Sauter sur un trampoline[30] (d'appartement) permet également de :

    - stimuler son drainage lymphatique (notre épurateur naturel) avec des mouvements vers le haut et vers le bas. Il permet d'augmenter la circulation sanguine, ainsi que l'apport d'oxygène aux cellules et aux muscles. Ainsi, on purifie l'organisme et on l'aide à évacuer les toxines et les déchets, ce qui va renforcer notre système immunitaire ;
    - renforcer nos os et articulations, sans endommager nos ligaments et nos tendons, à condition de commencer en douceur ;
    - booster notre énergie, puisqu'il favorise la circulation sanguine, fait travailler notre cœur et raffermit nos muscles (cuisses, dos, abdominaux, mollets...) ;
    - améliorer notre équilibre (avec l'alternance d'un pied sur l'autre) et permettre de travailler les muscles en profondeur.

- Faire l'amour (dont les bénéfices sont eux aussi très nombreux par ailleurs : contribue à notre bien-être, nous maintient en bonne santé, aide à combattre la migraine et le stress, améliore le sommeil et la mémoire, avec en plus l'orgasme qui se révèle être un bon antidouleur grâce à la libération d'endorphines et d'ocytocine...).

30 Je recommande pour en utiliser un ceux de la marque Bellicon.

- Aller au spa :

  - le hammam évacue le stress, nettoie la peau, élimine les toxines, permet au sang de mieux circuler et dégage les voies respiratoires. Idéalement, toujours terminer par une douche froide ;
  - quant au sauna, il stimule la circulation sanguine et contribue au bon fonctionnement du système cardiovasculaire, c'est un bon antistress (avec la chaleur, le corps libère des endorphines qui détendent), il est recommandé pour les personnes ayant des problèmes respiratoires, il permet de nettoyer la peau en profondeur, il booste les défenses immunitaires et soulage les rhumatismes et les douleurs articulaires.

- Participer à une *sweat lodge* (ou hutte de sudation) organisée par un chaman[31] de tradition amérindienne, pour une détox magique et puissante.
- Danser comme un fou sur vos musiques préférées.
- ...

À VOUS DE JOUER

Si vous vous sentez lourd, écœuré, fatigué, chargé : physiquement, intellectuellement ou émotionnellement, j'ai un super truc que j'utilise dans les cas extrêmes.

Dans ces moments où je sens que la cocotte est pleine et que j'ai besoin de souffler, de purger, une super façon de sortir la pression, c'est mon goupillon à moi.

Il s'agit de la méthode Gardelle, ou thermothérapie différentielle : c'est gratuit et super efficace pour effectuer un drainage lymphatique en une heure chrono !

31 Je vous recommande en région lyonnaise les accompagnements d'Eric Sunfox, accessibles sur www.chamanisme.fr.

Vous aurez besoin pour cela de :

- 2 serviettes ou torchons mouillés (et essorés) à placer : un sur la tête et l'autre sur le ventre sous les côtes (sur le triangle des émonctoires sur le foie) ;
- 1 bouillotte (que vous placerez sur la serviette sur le ventre) ;
- 1 sac de glaçons (que vous placerez sur la serviette sur la tête).

Installez-vous allongé et tranquille, recouvert d'une grande serviette, avec ce qui vient d'être listé, et laissez la détoxication se faire...

C'est un vrai moment de détente et de nettoyage, très puissant, qui probablement vous fera ressentir des émotions enfouies : une très bonne occasion de les libérer...

Pensez à bien boire de l'eau avant et après pour accompagner le nettoyage.

Pour info, cette méthode est également adaptée aux cas suivants : migraines (2 heures), capsulite de l'épaule (sur l'épaule le froid et le foie le chaud 2 heures), lumbago ou douleur au dos (le froid sur les lombaires et le chaud aux pieds 3 heures)...

BIEN DORMIR ET SE REPOSER

Rappelez-vous que notre corps a besoin avant tout d'équilibre : c'est le principe même de la vie. L'alternance du jour et de la nuit, des saisons, le yin (énergie féminine, réceptivité, sensibilité, repos...) et le yang (énergie masculine, force, action...). Un cycle immuable et divinement rythmé...

Chaque jour, votre corps a besoin de lumière.

Eh oui, rappelons-nous que l'homme est un « animal » diurne, c'est-à-dire qu'il a besoin de la lumière pour vivre, qui va réguler notamment les rythmes circadiens, et donc nos cycles. En fonction notamment de la quantité de lumière reçue sur la rétine, elle active les différents circuits de sécrétion des hormones et stimule (ou non) les centres de l'éveil.

La lumière régule l'humeur, augmente la vigilance et donne de l'énergie, puisque le simple fait de voir la lumière du jour tôt le matin active la sécrétion de cortisol (une hormone indispensable à la forme) et remonte notre température à 37 °C (idéal pour que les muscles fonctionnent de façon optimale).

La lumière renforce également la solidité des os et le système immunitaire. En effet, le soleil nous permet la production de vitamine D (favorisant la minéralisation osseuse, bon pour le cœur et contribuant à la production d'agents anti-infectieux).

L'idéal étant de pouvoir prendre le soleil (même voilé) chaque jour une vingtaine de minutes, ou à défaut aussi souvent que nécessaire !

Ma mère me disait toujours que rien ne vaut un bon bain de soleil, mais pas plus de trente minutes, car ensuite on ne bronze plus et on prend des coups de soleil. Voilà des années que je mets en application ce jouissif conseil avec bonheur !

Votre corps a besoin également de moments de pause, de repos, de rien... ces instants qui lui permettent de se régénérer, se ressourcer, se détendre, pour qu'il puisse repartir plus fort le moment voulu !

Que pensez-vous de la sieste[32] ?

Saviez-vous qu'elle permet de réduire le stress, mais aussi d'améliorer les performances ? C'est un temps de repos (endormi ou non) qui suit le déjeuner, simplement en s'allongeant quelques instants en cours de journée, et qui nous répare...

---

32 Vient du latin *sixta* : signifie « la sixième heure du jour » et qui désigne en fait l'heure du midi chez les Romains.

Ses bienfaits sont nombreux : elle diminue le stress (et permet de le prévenir), améliore la mémoire, la concentration, rééquilibre le système nerveux, libère la créativité, donne de l'énergie, améliore notre humeur, réduit l'hypertension artérielle. Ainsi, faire une pause de seulement quelques minutes nous permet de nous recharger (en restant dans le sommeil lent, sans entrer dans le sommeil paradoxal dont il est plus difficile de sortir).

À VOUS DE JOUER

Vous pouvez dormir ou seulement vous relaxer, car cela permet de récupérer dans tous les cas. En position allongée ou assise (si vous êtes au bureau), veillez à ne pas être dérangé et à vous sentir à l'aise.

Bras et jambes décroisés, yeux fermés, vous allez progressivement ralentir votre respiration ainsi que le rythme de vos pensées tout en relaxant votre corps. Peut-être pouvez-vous commencer par prendre vos sept grandes respirations profondes chargées de votre intention : ainsi, vous faites d'une pierre deux coups, le souffle apportant la détente au passage.

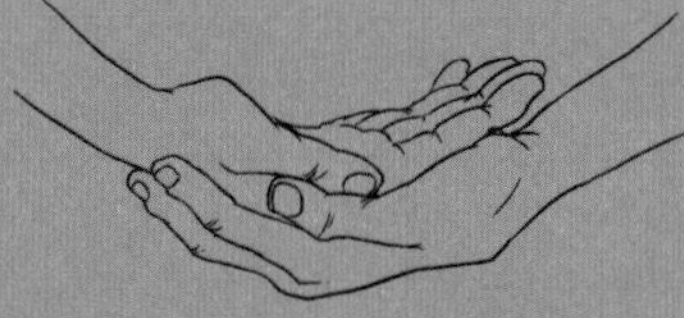

Je vous conseille de poser vos mains soit paumes ouvertes vers le haut, soit la main droite déposée ouverte en coupe dans la main gauche, au niveau du bas-ventre, ou posées sur la cuisse (correspond au Bhairava Mudra[33] qui invite à l'état d'abandon et de lâcher-prise, en installant calme et paix profonde), la bouche entrouverte.

33 Une mudra est une posture des doigts et des mains qui déclenche notre pouvoir intérieur et active certaines énergies et états internes.

Pour la durée, il est préférable de ne pas la faire trop longue pour ne pas perturber le sommeil nocturne.

Soit vous réglez un réveil, soit vous la faites à la « Pablo Picasso » : une cuillère à café dans la main en équilibre, qui tombera pour vous réveiller dès que vous atteindrez un sommeil profond. Idéalement, il faudrait qu'elle soit de vingt minutes maximum, mais le mieux est encore d'expérimenter ce qui est bon pour vous.

Le bon horaire semble être entre midi et 15 heures, car selon le rythme circadien l'organisme marque une baisse naturellement.

Bien dormir la nuit est évidemment aussi essentiel !

En effet, c'est le moment pendant lequel votre corps se repose et se régénère, mais également que votre système immunitaire s'active !

Saviez-vous que le sommeil est composé de cycles de quatre-vingt-dix minutes environ ? Et il est conseillé d'enchaîner 4 à 6 cycles, soit six à neuf heures de sommeil, chacun étant composé de deux phases principales : le sommeil lent (permet la récupération de la fatigue physique) et le sommeil paradoxal (relâche plus profondément les tensions, grâce aux rêves, et il est lié à tout ce qui touche à la mémoire et l'apprentissage).

Pour bien dormir, il est conseillé de vous dépenser en journée (faire du sport, mais avant 20 heures, bouger), d'éviter les excitants le soir (café, thé, coca…), ainsi que les repas trop copieux au dîner, préférez des activités relaxantes le soir (lecture, tisane, relaxation…).

ASTUCE :

Pour inviter votre corps à se calmer, à ralentir le rythme aussi bien physiquement que mentalement, il y a une technique de PNL : le truc pour s'endormir, en plus d'allonger sa respiration, est de ralentir le débit de sa voix mentale et de la faire parler moins fort, comme si vous réduisiez la vitesse de lecture d'un disque ainsi que le volume. C'est ce que fait naturellement votre cerveau quand vous vous endormez.

L'idéal est de trouver votre propre rythme de sommeil et de le respecter : mêmes heures de coucher qui tiennent comptent de votre besoin en sommeil. Le meilleur indicateur est votre corps : yeux qui pleurent, bâillement : c'est la berceuse qui commence à vous chanter d'aller au lit.

Enfin, votre chambre doit être le plus vide possible pour éviter les stimulations et vous permettre de dormir dans le noir complet. Pensez à l'aérer chaque matin pour renouveler l'air et dépolluer l'environnement.

REPOSER SON SYSTÈME DIGESTIF

« Quand le corps est chargé d'humeurs impures,
faites-lui supporter la faim :
elle dessèche et purifie. »
Hippocrate

Beaucoup en parlent, et bien que je ne sois pas une experte du sujet, j'ai eu l'occasion de tester plusieurs fois des temps courts de jeûne (une ou deux journées). Ma sensation est toujours très bonne : c'est comme si je redécouvrais mes priorités et les petits bonheurs de la vie, en étant plus proche de mon être intérieur. Je profite du temps économisé par la diète pour suivre mes instincts et envies : méditation, bain, lecture… et lorsque je reprends l'alimentation, je savoure deux fois plus la moindre chose. Pour moi, c'est comme si j'offrais à mon corps un cadeau : une pause ressourçante et régénérante, pendant laquelle je l'abreuve de tisanes délicieuses.

Il paraîtrait que le jeûne hydrique renforce le système immunitaire en trois jours seulement, et si vous écoutez votre corps lorsque vous êtes malade, vous constaterez que votre appétit est coupé, car il sait ce qui est bon pour vous…

Le jeûne affiche de très beaux bénéfices : régénération de l'organisme, mais aussi purification de la peau et amélioration de son bien-être !

En permettant au système digestif une pause bien méritée, le jeûne permet au foie et aux parois de l'intestin de se régénérer, et à la flore intestinale de se rééquilibrer avec l'estomac au repos. Les toxines sont éliminées avec plus de facilité par l'organisme qui peut ainsi se détoxifier !

Si votre peur de manquer vous l'autorise, peut-être pouvez-vous commencer par une première journée ?

Les massages et les mudras

« Prenez soin de votre corps, c'est le seul endroit où vous êtes obligé de vivre. »
Jim Rohn

L'ART DU TOUCHER

« Souvent, toucher, effleurer même, vaut mieux que parler. »
Erik Orsenna

Ah ! mon Dieu, rien que d'en parler, ça me détend… Je leur dois certainement les meilleurs moments de ma vie !

C'est vraiment une histoire d'amour pour moi, de celle qui commence par un coup de foudre, c'est le cas de le dire !

Permettez-moi de vous raconter comment ils ont percuté ma vie :

En décembre 2007, alors que depuis quelques mois je suis victime de terribles crises d'angoisse qui me torturent quasiment quotidiennement, et que j'écrème les thérapeutes sans succès, je reçois mon tout premier massage californien (le massage de la détente par excellence) dans un hammam de Villefranche-sur-Saône (69). Je suis arrivée là par « accident », pour faire plaisir à ma belle-sœur que j'accompagne avec ses copines dans cet endroit que je ne connais pas. Dans la voiture, une de ses amies raconte qu'elle a commencé à se former aux massages bien-être à Lyon, et j'apprends que c'est la même adresse que le cabinet de ma psychothérapeute… Surprise et en même temps songeuse, je repense à toutes les fois où j'ai eu envie d'aller voir ce qui se passait de l'autre côté du couloir, sans jamais oser le faire…

Et puis je reçois ce massage comme un véritable moment de grâce : tandis que la praticienne pétrit mon corps à l'huile chaude, j'ai l'impression qu'elle parle à mon âme. Des larmes commencent à perler sur mes joues, mon cœur s'ouvre comme pour laisser jaillir tout ce qu'il avait retenu depuis tant d'années… Je contiens comme je peux mon effervescence et me raisonne : « C'est le fruit de mon imagination, la masseuse n'a fait que son travail, il ne s'est rien passé pour elle, bla-bla-bla… » Lorsque le massage se termine, la jeune femme me demande :

« Comment cela s'est-il passé pour vous ? Je ne sais pas si je peux me permettre de vous le dire, mais il vient de m'arriver une chose qui ne s'était jamais produite. J'ai l'impression que j'ai communiqué avec votre âme… Vous êtes vraiment une si belle personne… Excusez-moi pour tout ça. »

Je reste abasourdie, encore ici mais totalement ailleurs. Je n'ai pas le temps de la rattraper, ni même la présence d'esprit. Je suis sonnée. Je titube jusqu'au petit salon en djellaba, me réfugie dans un coin sombre et laisse libre cours à mes larmes pendant près de deux heures, sans comprendre ce qui m'arrive. Je ne suis pas triste, ni heureuse, je suis vivante, simplement, mais ô combien vivante dans une émotion pure !

Vous conviendrez que ce fut une sacrée mise en bouche pour moi sur le sujet du massage ! Alors vous comprendrez que sitôt sortie de ce hammam, je n'ai eu plus qu'une idée en tête : me former au massage californien pour offrir à d'autres personnes un tel cadeau ! Et c'est ainsi que quelques jours plus tard, j'ai commencé à apprendre les massages bien-être, et j'ai tellement aimé cela que j'en ai appris pas moins de vingt différents en deux ans jusqu'à me faire certifier :

protocoles de détente, réflexologie[34], énergétique[35], ayurvédique[36], reiki… Je suis littéralement tombée dedans ! Et quels que fussent les accompagnements que je reçus dans ma vie, je sais que c'est par le toucher que ma mue la plus profonde s'est opérée. Jamais je n'aurais imaginé que l'art du toucher, lorsqu'il est pratiqué avec présence, puisse transformer et guérir l'être tout entier.

Je remercie la réflexologie plantaire que j'ai reçue pendant dix-huit mois, à raison d'une fois tous les quinze jours, pour la stabilité qu'elle m'a apportée. Je comprends aujourd'hui que j'étais « à côté de mes pompes » et que j'étais incapable de prendre ma place… Je poursuis aujourd'hui des exercices d'ancrage pour maintenir et renforcer ma racine, mais c'est bien grâce aux massages qu'elle a commencé à se planter !

Au-delà de mon expérience personnelle, je peux témoigner en tant que praticienne sur les bénéfices incommensurables que peuvent procurer les massages bien-être, encore trop peu connus du grand public. Il s'agit de pratiques qui n'ont rien à voir avec les massages proposés par les kinésithérapeutes, ni même par les esthéticiennes, et visent un accompagnement holistique[37] par le toucher.

Le praticien, pendant le massage bien-être, cultive une qualité de présence qui le rend disponible à l'accueil de son client, lequel peut se détendre en profondeur et évoluer d'un point de vue plus vaste. Tout en étant relié au tout, la détente du corps impacte les émotions et les pensées jusqu'à permettre des guérisons sur des traumas très anciens. C'est magique !

Saviez-vous que les Indiens ont l'habitude traditionnellement de se faire masser chaque semaine, voire chaque jour ? Cela fait partie de leur hygiène de vie, et ils ont bien compris que cela était excellent pour leur vitalité.

Prendre soin de son corps et de son esprit, faire une pause pour sentir et écouter au plus profond de soi, c'est aussi nourrir nos besoins fondamentaux d'équilibre et de calme intérieur.

---

34 Qui stimule des zones réflexes (pieds, mains, visages, dos…).

35 Qui permet une relance de la circulation énergétique du corps.

36 Qui possède de nombreuses vertus pouvant même atteindre la dimension spirituelle.

37 Qui s'adresse au corps humain dans sa globalité.

Pour citer quelques bienfaits que peuvent procurer ces massages :

- Calme le système nerveux et favorise la détente, le bien-être et le sommeil.
- Améliore la circulation sanguine.
- Soulage les tensions physiques et mentales.
- Stimule le système lymphatique et donc l'évaluation des toxines.
- Active la circulation de l'énergie et rétablit l'harmonie.
- Invite au lâcher-prise puisque durant le massage le cerveau est monopolisé par les sensations physiques (état comparable à l'hypnose ou à la méditation).
- Renforce l'estime de soi par la réappropriation de son image corporelle.
- ...

Et plus spécifiquement, les massages de détente ont pour objectif la relaxation, le relâchement du corps qui procure ainsi une détente mentale et physique. Ce type de toucher propose un apaisement profond, le retour à un équilibre intérieur. Il peut être enveloppant, contenant, rassurant, par des étirements et vibrations en douceur.

Pour ce qui est des massages énergétiques, en s'appuyant sur l'existence des canaux énergétiques traversant le corps, ces massages bien-être font référence aux méridiens, mais aussi aux polarités traversant le corps humain, toujours dans une dimension holistique du corps, en union avec l'esprit.

Les massages de réflexologie proposent une vision globale jouant sur les multiples liens existant entre les différentes zones corporelles. Par pression digitale, la réflexologie de bien-être vise à détendre, harmoniser, stimuler et tonifier énergie, corps et mental. Elle revitalise le corps grâce à un meilleur flux énergétique.

Les massages ayurvédiques, quant à eux, aident le corps à évoluer, à croître, à s'adapter et à se renouveler. Ils font référence aux dimensions physiologiques, psychologiques et spirituelles. Ils soutiennent au-delà d'une relaxation et d'une détente notre besoin d'évolution et notre recherche d'harmonie, de réconfort, de sérénité et d'épanouissement. Ils procurent un fort sentiment d'être en vie et d'être relié à toute vie...

Enfin, le reiki apporte un supplément d'énergie qui harmonise et revitalise le corps, réduit le stress et détend profondément, soulage les douleurs et stimule les processus d'autoguérison de l'organisme. Il renforce les facultés de récupération post-traumatisme, élimine les toxines, purifie, fortifie les organes et renforce le système immunitaire.

La bonne fréquence pour se faire masser est bien sûr celle de votre corps, mais généralement il faut attendre une semaine entre deux massages pour permettre au corps de le « digérer ». Une fois par mois semble être un bon rythme, à noter cependant que la fièvre et la grossesse peuvent être des contre-indications.

Si vous recherchez un patricien certifié, je vous conseille d'utiliser le site web de la Fédération française de massages bien-être (FFMBE) : www.ffmbe.fr.

Et le meilleur praticien sera toujours celui avec lequel vous êtes en confiance et que vous « sentez » bien…

Question massage, je vous invite à un petit aparté pour parler du plus élémentaire : le contact de la sexualité…

Parlons un peu des choses qui fâchent : cela fait quelques semaines, quelques mois (ou années ? « *Oh my God!* ») que vous n'avez plus ou moins de désir sexuel ?

Vous avez peut-être espacé jusqu'à renoncer aux relations intimes, la faute à « c'est pas important, j'ai pas le temps, c'est pas assez dépaysant… bla-bla-bla… ».

Alors là, je sors le carton rouge : le sexe, c'est important, et l'orgasme, c'est excellent !

Je vais vous expliquer pourquoi :

Tout d'abord, il faut comprendre que la sexualité est en lien avec le chakra sacré, comme nous l'avons évoqué (pour rappel : lien aux autres, créativité, endurance, confiance, joie de vivre, force vitale, sexualité, désir…), et si vous n'êtes pas épanoui au lit, c'est probablement que l'énergie de cet endroit est perturbée, donc avec la baisse de libido, c'est également votre joie de vivre, votre créativité… qui sont en berne ! Sans doute est-ce parce que votre énergie est bloquée plus bas par la peur (le chakra racine étant en lien avec la sécurité et la survie)…

Toujours est-il que faire l'amour contribue à votre bien-être :

- une meilleure santé ;
- un allongement de l'espérance de vie ;
- une réduction du stress ;
- un meilleur sommeil ;
- une meilleure mémoire ;
- une perte de poids…

Qu'il s'agisse de masturbation ou de relations sexuelles en couple, chaque plaisir est bon à prendre : *exit* la fausse pudeur, les idées préconçues, les tabous mal placés du style « le sexe, c'est mal, c'est sale, c'est animal… » Bouh !

Qui disait cela dans votre histoire ? Laissez à vos parents ou éducateurs leurs croyances et définissez ce qui est bon pour vous ! Tant que les partenaires sont majeurs, consentants et ne font de mal à personne, alors tout est bon !

Et puis jouez, soyez créatif et surprenant…

Pour terminer, sachez que l'énergie sexuelle est la même que l'énergie vitale (encore appelée *Ki* ou *Chi*) : pour que vous ayez beaucoup de vitalité, il faut également libérer votre énergie sexuelle (et inversement), vous autoriser à déployer votre féminité (ou masculinité) à partir du hara (bas-ventre). Pour cela, développez votre ancrage (sentiment de sécurité) et bougez votre corps : danse, yoga, marche… vibrez, chantez et ondulez afin de le laisser s'exprimer, car il a beaucoup à vous apporter !

Libérez vos émotions refoulées et osez votre sexualité, car elle est en lien direct avec votre PUISSANCE personnelle !

Alors, laisserez-vous jaillir votre désir et avec lui, renouer avec l'énergie de la vie ?

LES MUDRAS[38]

Ce sont des positions de doigts[39] qui activent en nous des énergies, ou états émotionnels particuliers sur commande, permettant de soigner corps et esprit : c'est simple et efficace, comme j'aime ! Magiques, elles seraient également sacrées...

Juliette Dumas, l'auteure de *Mudra, le yoga des doigts*, m'avait fait découvrir ce sujet très intéressant dont je suis devenue adepte !

Elles agissent sur la santé physique, mentale et spirituelle, comme le font les *asanas* (postures) de yoga.

Le principe est que chaque doigt correspond à un élément (quand les doigts d'une même main se touchent : le pouce au Feu - Agni, l'index à l'Air, le majeur à l'Éther - le ciel, l'annulaire à la Terre, et l'auriculaire à l'Eau), et que chaque partie de la main correspond à une zone du corps ou du cerveau. Ainsi, en positionnant vos doigts de telle ou telle façon, vous allez harmoniser votre être ! L'objectif final est de nous recharger en énergie, tout simplement grâce à nos dix doigts !

Je me réjouis d'en partager avec vous quelques-unes.

38 Le mot sanskrit *mudra* signifie « signe » ou « sceau ». Il provient de *mud*, qui signifie « bonheur » et *dhra*, qui signifie « dissolution ».

39 Vous pouvez en découvrir quelques-unes sur le site : https://www.arasia-shop.com/blog/fr/lien-avec-la-nature/sante-naturelle/les-mudras-ces-gestes-sacres.html.

À VOUS DE JOUER

Installé au calme (si possible), détendu (épaules baissées et mâchoire desserrée), les mains posées sur les cuisses ou les genoux (les deux mains effectuant les mêmes mouvements en simultané) :

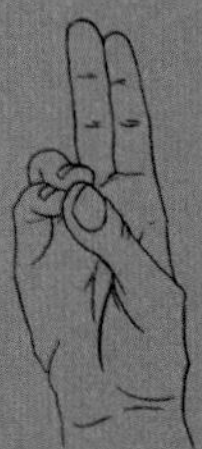

Prana Mudra permet d'activer le flux d'énergie dans tout le corps.

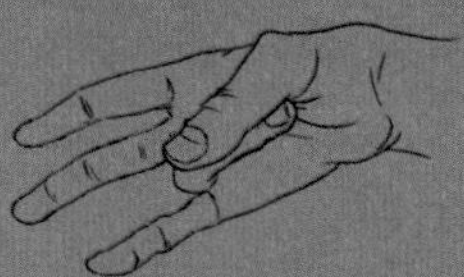

Surya Mudra permet de déclencher en nous l'énergie du soleil et de chasser la fatigue. Elle active le plexus solaire et le diaphragme.

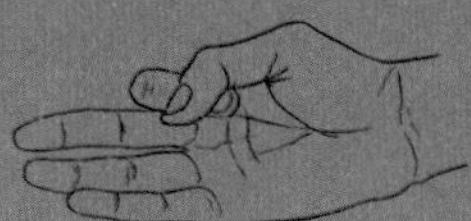

Vayu Mudra permet de se sentir plus léger, enthousiaste et débordant d'énergie, et de réduire le stress.

Apan Mudra favorise l'élimination des toxines et déchets hors du corps.

Prithivi Mudra permet de développer son ancrage pour plus de stabilité et d'équilibre, de sécurité.

Et bien sûr, n'oublions pas le plus évident producteur de bonheur, à mi-chemin entre massages et mudras…

LE CÂLIN !

« Si tu ne sais pas quoi faire de tes mains, transforme-les en caresses. »
Jacques Salomé

Ce plus simple et plus doux des gestes est un messager du bonheur et un fervent combattant de la déprime, en permettant de sécréter de la sérotonine et de la dopamine : des antistress naturels qui vont produire une sensation d'apaisement et aider à l'endormissement.

Les bénéfices du câlin sont nombreux :

- Diminution de la pression artérielle.
- Apaisement des douleurs.
- Réduction de l'anxiété (moins de sentiment de solitude et de peur).
- Amélioration de l'estime de soi.
- Meilleur sommeil.
- Stimulation du sens du toucher.
- Renforcement des liens familiaux ou amicaux.
- Stimulation du désir sexuel.
- Vecteur de joie.
- …

Posologie : le câlin doit durer au moins vingt secondes pour permettre de libérer l'ocytocine. Il est à pratiquer chaque jour sans modération !

Et pour lui, nul besoin de protocole : tout est permis !

6 - CULTIVER SON MENTAL : LA TOUR DE CONTRÔLE

« L'esprit est la source de tout pouvoir ;
vous devenez ce que vous pensez. »
Socrate

Ah, la tête… que ferions-nous sans elle et pourtant quelle prise de tête parfois (souvent ?)… Toute la question est de savoir qui est aux commandes et **si votre mental est votre maître ou votre serviteur ?**

En l'occurrence, c'est un très bon serviteur et un très mauvais maître. Si vous le laissez piloter votre vie, fort est à parier qu'il vous verrouillera dans la prison de ses peurs, vous gardant prisonnier d'une cellule qui subira probablement l'érosion, devenant de plus en plus petite et inconfortable… À nous de repartir à la conquête de nos vies pour nous libérer par l'action et l'amour, et de bien garder en tête qu'il doit être à votre service, mais que le vrai pilote est ailleurs, dans une partie plus profonde de vous-même.

Michel Odoul, dans son fameux livre *Dis-moi où tu as mal, je te dirai pourquoi*, utilise une métaphore que je partage : votre corps est une calèche, dont le cocher est votre mental. Ce dernier ne connaît pas la direction, même si c'est lui qui tient les rênes… Le véritable maître est le passager à l'intérieur, qui pourrait être votre âme.

Je trouve cette comparaison intéressante, si ce n'est que je la trouve incomplète : votre corps étant lui aussi doté d'une grande intelligence, au même titre *a minima* que votre mental, la calèche aussi est donc très importante !

Voyons donc comment faire pour utiliser à bon escient votre tête et diriger votre vie plutôt à partir de votre cœur, qui est en lien direct avec votre être intérieur.

Méditation et mantra

Certainement la meilleure façon de discipliner votre mental, la méditation permet de tenir votre lion en cage et de muscler les barreaux de la prison.

Il existe de nombreuses formes de méditation, je vous partage ici celles que je pratique et dont je peux témoigner.

Beaucoup s'imaginent que méditer, c'est ne rien faire, à commencer par mon mari à qui j'en parlai et qui me répondit : « Ah oui, je médite très souvent dans ma voiture... »

Il ne faut pas confondre méditer et rêvasser, car c'est justement tout le contraire : il ne s'agit pas de nous laisser embarquer dans nos pensées, mais à l'inverse de laisser filer les pensées comme des nuages dans le ciel qui passent, sans les juger ni les retenir. On compare souvent les pensées à des chevaux (qui galopent dans la plaine) : on peut les observer et les laisser courir, mais sans les monter !

La méditation est une pratique relaxante qui permet de développer son ancrage et sa qualité de présence à la vie et à l'autre. Elle nous permet de nous recentrer quand le quotidien nous met souvent « hors de nous ».

Elle peut aider à gérer le stress et l'anxiété et favorise l'attention, la concentration, fait grandir la conscience et la mémoire. En outre, elle offrirait une meilleure résistance à la douleur et contribuerait également à la santé cardiovasculaire et l'immunité.

C'est une excellente façon de reposer votre mental qui, comme un singe en cage, n'arrête jamais de gesticuler. Vos pensées incessantes vous épuisent et fragilisent votre mental qui s'emmêle, ne vous permettant plus d'accéder à ce qui est juste pour vous, à votre vérité profonde.

Souvent on médite pour trouver des réponses à nos questions, et plus que d'obtenir des réponses, ce sont les questions qui disparaissent, pas si importantes finalement, toutes ces complications...

À la façon de cailloux que nous aurions jetés dans un lac et qui brouillent la surface de l'eau, ne nous permettant plus de voir clairement le fond, nos pensées agitent notre tête. C'est lorsque nous calmons leur flux, en créant de l'espace entre deux pensées, que la clarté revient tout comme l'inspiration, la créativité et la vérité de notre être.

Le temps de silence que nous offre la méditation nous permet d'une part, de nous régénérer et d'être plus efficace quand nous aurons de nouveau à nous servir de notre mental, et d'autre part d'entendre la voix de notre âme qui chuchote...

Vous pouvez faire plusieurs sortes de méditation :

- statique : assis sur un zafu (coussin de méditation), le dos bien droit et les mains posées sur vos genoux ;
- en marche de pleine conscience : à l'inspire avancer le pied droit, à l'expire réunir en ramenant le pied gauche, à l'inspire avancer le pied gauche, à l'expire en ramenant le pied droit... ;
- mais aussi en mangeant ou en effectuant des activités du quotidien : être en pleine conscience de ce que vous faites, sans vous laisser emporter par vos pensées parasites.

Le plus important est la qualité de présence que vous développez : demeurez dans l'instant présent, hors de vos agitations mentales ou émotionnelles. Il s'agit d'accueillir et de laisser passer pour revenir à « ici et maintenant » et votre souffle.

Vous pouvez méditer chez vous ou dans la nature, les yeux ouverts, mi-clos ou fermés, utiliser de l'encens ou une bougie, dans le silence, ou avec une musique calme[40] (idéalement sans paroles), ou des bruits de la nature (forêt, mer, pluie...), le plus important est

40 Je vous recommande les albums de Deva Premal et de Logos.

d'être assis près du sol et de garder le dos bien droit avec le menton légèrement rentré, pour que la tête soit parfaitement alignée avec le dos, dans le calme.

Vous pouvez méditer face à un mandala[41] (nous en reparlerons plus loin dans ce livre) ou utiliser un mantra[42], comme déjà vu dans ce livre :

> **OM Mani Padme Hum :** c'est un mantra célèbre du bouddhisme qui symbolise la grande compassion, dont l'origine remonterait au IVe siècle après Jésus-Christ.

Voici en synthèse sa signification :

AUM (ou OM) est considéré comme le son originel, primordial, qui aurait créé l'Univers, et qui permet de libérer nos esprits des contraintes quotidiennes.

MANI est la réalité de la vie. Cela signifie le joyau, comme un diamant d'une pureté parfaite, l'altruisme infini envers tous les êtres de l'Univers, et bien sûr envers soi-même.

PADME (lotus) est la sagesse innée, la nature de Bouddha, l'impermanence qui est l'essence de l'existence.

HUM signifie combinaison ou indivisibilité entre le joyau de la vie et la sagesse de Bouddha.

Ce mantra invite à la libération de l'existence, et son influence bienfaisante est puissante et universelle. Le plus important lors de sa récitation est de conserver une intention pure.

Mais vous pouvez également utiliser votre propre mantra[43] (en utilisant une formulation simple qui répond à votre intention), par exemple :

---

41 Signifie : cercle, sphère, communauté. Ce sont des aires rituelles utilisées pour évoquer des divinités hindoues au départ. Le bouddhisme les utilise pour ses rites et ses pratiques de méditation. Le diagramme est rempli de symboles et peut être associé à une divinité.

42 Désigne une formule courte qui se compose d'une syllabe ou plusieurs syllabes qui sont récitées sans cesse. Il permet, par les vibrations des sons, de modifier l'environnement de la personne et d'avoir des bienfaits sur le corps et l'esprit.

43 Si vous manquez d'inspiration, ce site web vous propose le vôtre à l'issue d'un petit quiz : https://www.openask.com/fr/tests/5577-quel-est-votre-mantra.

- Je suis amour (inspire), amour je suis (expire).
- Je suis lumière.
- Je suis abondance infinie.
- Salut à toi, joyau caché dans le lotus.
- …
- Et enfin *a minima* : un (inspire), deux (expire)…

L'intention peut différer, mais l'objectif reste le même : calmer votre mental agité. Vous pouvez le réciter soit oralement soit intérieurement, ainsi cela empêche votre esprit de divaguer et de se concentrer sur des choses passées ou futures (« monter sur le cheval »). Le son répétitif utilisé permet de descendre dans les profondeurs de l'inconscient et d'élever sa fréquence vibratoire.

L'essentiel est qu'il nous connecte à une sensation d'apaisement, de bien-être et de force intérieure.

À VOUS DE JOUER

Pour débuter, je vous conseille de vous asseoir sur un gros coussin ou un zafu, les jambes repliées en tailleur, le dos bien droit (et le menton légèrement rentré).

Vous pouvez installer une bougie ou faire brûler un encens (comme le cèdre, l'oliban ou le santal).

Dans le silence, ou avec une musique douce ou vibratoire (sans texte).

Vos mains seront posées sur vos genoux, face contre terre (pour favoriser l'ancrage), ou face au ciel (pour vous relier à vos guides), ou encore en position spéciale (avec une mudra).

Vos yeux seront ouverts (avec un point fixe à l'horizon ou observant un mandala de méditation) ou fermés.

Il est primordial de prédéfinir un temps de méditation et de régler un réveil, car le mental ne doit pas choisir la durée pendant l'exercice : il vaut mieux commencer par cinq ou dix minutes, puis allonger la durée au fil des jours que programmer trente minutes et lâcher en cours de route. Je vous rappelle que l'objectif est d'entraîner le mental, de le soumettre à votre intention, donc c'est vous (le maître) qui programmez la durée.

Idéalement, il faudrait méditer au moins trente minutes chaque jour (à vous de choisir le meilleur moment en essayant à différents horaires), mais si vous parvenez à le faire vingt minutes 2 ou 3 fois par semaine, c'est déjà super, sachant que la régularité est la clé ! Pour ma part, je préfère méditer le matin à jeun au moment du réveil, ou après mes petits exercices de yoga.

Un proverbe dit : « ***Si vous n'avez pas le temps de méditer, alors il vous faut méditer deux fois plus longtemps !*** »

1. Mise en place : lorsque vous êtes installé, je vous invite à commencer par trois respirations profondes abdominales en fixant un point à l'horizon, puis à assouplir votre nuque en faisant « comme une poule qui picore » : trois mouvements de tête qui descend en piqué et qui remonte doucement.

2. Introduction : body scan ou balayage corporel (qui peut se pratiquer seul en dehors de la médiation chaque jour) : à présent, les yeux toujours ouverts ou fermés, vous allez habiter pleinement votre corps en investissant chacune des parties, en commençant par mettre toute votre attention dans votre tête (sentir les yeux, les joues, la bouche, le crâne...), puis dans votre cou, vos bras jusqu'au bout de vos doigts, ensuite de la nuque jusqu'au sacrum (haut, milieu, bas du dos), puis dans la gorge, la poitrine, l'estomac, l'abdomen, le bassin, le périnée, enfin dans les jambes jusqu'au bout des orteils. Prenez le temps de bien sentir votre énergie qui forme comme un œuf doré et lumineux autour de vous, et savourez. Pendant cette phase

d'introduction, vous êtes dans l'observation neutre de vos sensations (sans aucun jugement), pensées, émotions présentes, et glissez progressivement dans la pratique de la méditation de pleine conscience.

3. Méditation de pleine conscience : vous êtes présent et ancré maintenant. Parfaitement ici et maintenant. Selon que vous aurez opté pour un mandala, vous ouvrirez les yeux et/ou un mantra, vous réciterez alors mentalement les syllabes (ou à voix haute en prenant soin de bien faire vibrer les sons). Dans cette phase, il s'agit de rester pleinement attentif à tout ce qui est (le contraire de concentré) : bruit, silence, sensations, accueil sans jugement des pensées et retour à votre souffle. Redressez régulièrement votre dos, qui se sera peut-être courbé et revenez à votre respiration. Vous êtes face à un ciel bleu, toujours bleu, si des pensées arrivent elles sont comme des nuages qui passent dans le ciel, ne les retenez pas, laissez-les filer et revenez au ciel bleu. Progressivement, l'espace entre deux nuages de pensées augmentera... Si vous ressentez des douleurs, vous pouvez envoyer votre souffle dans cette direction en imaginant que vous inspirez et expirez de l'endroit douloureux.

4. Fin : lorsque le réveil sonne, vous revenez doucement à vos sensations, en reprenant progressivement pied dans votre quotidien.

Personnellement, j'aime terminer par un mouvement de prière (les mains jointes sur le cœur) et bénir ma journée. Je prononce alors « *Namaste*[44] » ou « *Lolamaï*[45] », ou encore je pose une intention comme « paix, amour et santé pour tous les êtres et pour moi-même ».

Et là, je ne peux m'empêcher de sourire, car il y a une chose qui fait plus mal que de plier longtemps les jambes... c'est quand tu les déplies... ! Ouille, ouille, ouille, dépliage, et ne me reste plus qu'à vous souhaiter une merveilleuse journée. Bienvenue, vous êtes bien vivant !

44 Qui symbolise la croyance qu'il existe une lumière divine en chacun de nous dans le chakra du cœur.

45 Qui signifie en langue hopi (tribu amérindienne) : « tout est beau ».

La prière

« Tout ce que vous demanderez dans la prière,
croyez que vous l'avez déjà obtenu,
car cela vous sera accordé. »
Évangile selon saint Marc

Bien que baptisée catholique, je ne suis jamais entrée dans une pratique assidue de la religion chrétienne. Il m'était arrivé quelques fois de prier, comme une tentative désespérée d'obtenir la solution à mes problèmes... Obtins-je la réponse souhaitée ? Je ne saurais le dire, ne me rappelant que des échecs, comme pour valider ma croyance que « s'il suffisait de prier, ça serait un peu trop facile, non ? ».

Et pourtant, il y a des années de cela, je découvris dans *Psychologies Magazine* qu'une étude sérieuse avait été menée auprès de 800 couples (du monde entier), qui peinaient à faire à un enfant. Sans que ceux-ci soient informés de l'expérience, la moitié d'entre eux (pris au hasard) avait fait l'objet de prières par des anonymes pendant plusieurs mois. L'étude révélait que ceux qui avaient fait l'objet de prières affichaient un taux de fécondité bien supérieur aux autres... ?

Ce fut la première brèche qui fissura ma croyance limitante.

Je décidai, alors que mon second mariage battait de l'aile, de redoubler d'ardeur dans mes prières du soir... En vain, je finis par divorcer ! Je tentai alors de comprendre ce mystère... et les années qui passaient me permirent de patiner de sagesse mon expérience.

Ce mariage dans lequel je souffrais n'était pas une bonne chose pour moi, même si j'aurais donné beaucoup (et j'ai beaucoup donné !) pour que les choses s'arrangent dans mon couple. Aussi, je comprends aujourd'hui que parfois il vaut mieux que nos prières ne soient pas exaucées, car le chemin de l'âme se trace et nous mènera quoi qu'il en soit à bon port.

Il me reste du film *La Mélodie du bonheur* une citation qui m'accompagne sur mon chemin : « **Quand Dieu ferme une porte, il ouvre une fenêtre...** »

Mais alors pourquoi prier, me direz-vous ? Eh bien, parce que, que vous soyez croyant ou non, cela permet de verbaliser vos intentions et de vous relier à l'espoir, et juste pour cela, c'est bon pour vous ! Et je vous rappelle que là où la pensée va, l'énergie va !

Au-delà de cela, des bénéfices concrets existent :

- Elle a des effets positifs observables et mesurables sur la santé.
- Réciter des prières induit un état de relaxation et d'unité semblable à celui de la méditation (stimulation des fonctions neurologiques, endocrines, immunitaires et cardiovasculaires).
- Pratiquée dans le cadre d'une religion, elle allongerait l'espérance de vie (plus d'une fois par semaine).
- Elle nous met en contact avec des valeurs personnelles positives comme l'amour, la compassion, l'altruisme et la paix intérieure.
- On peut soit diriger ses paroles (paix ou guérison, abondance...) vers soi-même ou d'autres personnes, soit faire appel à une puissance extérieure (Dieu, son ange gardien, Bouddha, l'Univers), que l'on prie d'intervenir.

Prier relie à plus grand que soi, alors forcément ça ne peut être que bénéfique, sans pour autant s'imaginer que cela sera toujours suffisant... Le passage à l'action est souvent le bon complément !

Saviez-vous que le simple fait de tenir vos mains en prière, l'une contre l'autre, avait des effets bénéfiques sur votre énergie ?

Anjali Mudra (la mudra du temple intérieur) permet de faire émerger nos forces et ressources, harmonise et offre calme et paix intérieure, tout en équilibrant notre énergie.

Vous pouvez même sentir si une main presse plus fort que l'autre et, tout en douceur, rétablir l'équilibre de pression (et donc l'énergie yin/yang) dans votre corps.

Dans la Bible même est écrit :

« Demandez, et vous recevrez ; cherchez, et vous trouverez ; frappez, et l'on vous ouvrira. Car celui qui demande reçoit ; celui qui cherche trouve ; et l'on ouvre à celui qui frappe. »

Et comme ma mère me le disait : « Ça ne coûte rien de demander, il n'y a que le "non" que tu risques. »

Pour ma part, je crois aujourd'hui aux miracles et à la prière, comme à l'appel des saints, des archanges ou des anges, de la Vierge Marie, qui sont capables de nous fournir une aide merveilleuse.

Nous vivons dans un monde dans lequel existe la réalité ordinaire et matérielle : c'est le monde tel que nous le connaissons et l'avons découvert notamment par notre éducation, et la réalité non ordinaire ou magique : celle où vivent les esprits de la nature, nos guides et alliés…

Grâce à la prière, vous pénétrez ce second monde, peut-être nouveau pour vous, en intégrant la dimension subtile de votre être et toutes ses ressources fabuleuses. Dans cette réalité magique, vous pouvez obtenir protection, guidance, guérison et soutien…

Bienvenue dans ce royaume merveilleux qui vous invite à danser et créer avec la trame de l'Univers…

Prier les présences spirituelles (« monde d'en haut »).

Bien que n'étant pas experte en prière[46], je nourris une pratique régulière avec la Vierge Marie (à qui je demande bons soins et tout ce dont j'ai besoin), mon ange gardien (à qui je demande souvent guidance et protection) et les archanges (qui me nettoient et me purifient).

Sachez que vos anges ou alliés ne peuvent intervenir que si vous le leur demandez, alors n'hésitez pas ! Et saviez-vous qu'« anges » signifient « messagers de Dieu » ? Ils sont notre lien avec Dieu, ce sont eux qui se chargent d'emporter vos prières à destination, comme le fait la plume de l'oiseau pour les Amérindiens…

Lorsque vous priez, vous pouvez par exemple demander :

46 Vous pouvez trouver de nombreuses prières dans le livre de Laure Bouteiller, guérisseuse magnétiseuse : *Recueil de prières pour la santé et la guérison*.

- la protection (santé, sécurité...);
- la purification (nettoyage d'énergies négatives);
- la guérison (corps, cœur...);
- la guidance (suivre le bon chemin, clarifier vos choix...).

Parmi les saints les plus populaires en France, il y a:

- Sainte Anne, mère de la Vierge Marie et patronne des grands-mères.

- Sainte Marie, mère de Jésus, on dit souvent qu'elle est la reine des anges, Marie accomplit de nombreux miracles, vous pouvez lui demander de l'aide pour tout ce qui touche la santé et les enfants.

- Saint Michel, il est aussi un archange très puissant.

- Saint Raphaël, patron des guérisseurs.

- Saint Antoine de Padoue, on l'invoque souvent pour retrouver ce que l'on a perdu.

- Saint Christophe, patron des voyageurs.

- Sainte Rita, sainte des causes désespérées.

- Sainte Claire, pour les maux d'yeux.

- Saint Expédit, invoqué pour toutes les causes pressées.

Quant aux archanges les plus populaires:

- L'archange Raphaël («Dieu guérit»). Il offre guérison physique (personnes et animaux) et accompagne les personnes travaillant dans le bien-être et la santé.

- L'archange Gabriel («Dieu est ma force»). Il est le messager (sagesse et confiance pour vos choix, aide en cas de pensées négatives et problèmes divers dans votre vie).

- L'archange saint Michel («qui ressemble à Dieu»). Il nous libère de la peur et nous apporte le courage. Très puissant, il est le chef des archanges, œuvrant pour la sécurité, il protège également des attaques occultes.

- L'archange Uriel («feu de Dieu»). Il diffuse la lumière sur les situations problématiques et apporte inspiration et solution.

- L'archange Métatron («ange de la présence»). Il aide les enfants (éducation, santé et la protection).

- L'archange Ariel (« lion de Dieu »). Il protège et soigne le monde naturel (animaux, environnement).
- L'archange Haniel (« gloire de Dieu »). Il guérit les cœurs blessés (pardonner et se libérer des émotions négatives). Il peut aider à trouver l'âme sœur.
- L'archange Jérémiel (« clémence divine »). Il nous aide à trouver le chemin de notre mission de vie, à retrouver ou conserver la motivation et le goût de vivre.

Bien entendu, cette liste n'est pas exhaustive et dépendra de votre religion, même s'il n'est pas nécessaire d'être croyant pour bénéficier des soins accordés : vous pouvez prier Dieu, Jésus-Christ, l'Univers, le Grand Esprit (pour les Amérindiens ou les chamans), la vie…

La seule chose à ne pas oublier, c'est de leur dire merci !

À VOUS DE JOUER

Quand vous le souhaitez, et encore mieux si c'est fait à voix haute, posez-vous tranquillement et ouvrez votre cœur pour vous relier à plus grand que vous.

Pieds nus, vous pouvez vous mettre à genoux, ou dans une autre position le dos droit, ou même allongé dans votre lit, allumer une bougie ou de l'encens, écouter une musique douce... le plus important étant d'être dans la foi et entouré de bonnes énergies.

Vous pouvez respirer profondément pour faire le vide en vous et vous mettre dans l'instant présent, dans la confiance et l'abandon de l'enfant.

Il s'agit de lâcher prise sur le résultat et d'avoir des pensées positives, d'amour, de confiance et de gratitude.

Voici plusieurs prières selon votre intention:

- **Nettoyage et purification:** lorsque vous vous sentez pollué par des émotions ou pensées négatives, dans une mauvaise énergie, vous demanderez à l'archange de venir («J'aimerais que l'ange... vienne»), puis après un instant (vous sentez en principe une présence en vous) vous lui demandez de vous nettoyer (« Merci, ange..., de me nettoyer de toutes énergies négatives accrochées à mon être énergétique»). Vous attendez quelques secondes (là encore vous pouvez sentir en vous que quelque chose se libère), puis vous le remerciez (« Merci, ange... »).

- **Besoin de soins:** vous procéderez de la même façon, plutôt en appelant la Vierge Marie. Elle est la Divine protectrice remplie de l'énergie d'amour.

Si vous ne vous sentez pas bien, fermez les yeux, puis demandez à Marie de vous envelopper de son énergie d'amour et de protection, imaginez-vous dans ses bras tel un enfant... Restez ainsi quelques instants. Vous vous sentirez réconforté et protégé.

Vous pouvez demander: « Merci, sainte Marie, de m'accorder vos meilleurs soins de régénération, d'amour, de bien-être... et tout ce dont j'ai besoin et même plus si affinités. »

- **Besoin de protection:** vous appellerez à vous votre ange gardien (ou celui que vous aurez choisi) et lui demanderez: « Merci, mon ange gardien, de bien vouloir me recouvrir complètement afin de me protéger pendant... » (la durée maximale étant d'une journée).
- **Prière d'intention:** je commence toujours par faire le signe de croix, d'abord parce que c'est ma façon de me relier (du Ciel à la Terre, du passé au futur), et également parce que cela purifie.

En effet, le signe de croix (avec la barre horizontale placée au tiers du haut de la barre verticale) revêt un immense pouvoir et un caractère sacré pour les guérisseurs, puisqu'il permet de chasser le mal à l'extérieur de la personne (d'abord chasser l'énergie négative à la verticale de l'organe malade ou de la personne entière, le mal est ainsi absorbé par la terre, puis ce qu'il reste d'énergie négative de façon horizontale).

J'aime commencer ma prière par un « Notre Père » ou par un « Je vous salue Marie ».

Notre Père (*Pater Noster*) :

« Notre Père, qui êtes aux cieux,
Que ton nom soit sanctifié,
Que ton règne vienne,
Que ta volonté soit faite sur la terre comme au ciel,
Donne-nous aujourd'hui notre pain de ce jour,
Et pardonne-nous nos offenses comme nous les pardonnons aussi à ceux qui nous ont offensés,
Ne nous soumets pas à la tentation mais délivre-nous du mal,
Amen. »

Je vous salue Marie (*Ave Maria*) :

« Je vous salue, Marie, pleine de grâces,
Le Seigneur est avec vous,
Vous êtes bénie entre toutes les femmes,
Et Jésus le fruit de vos entrailles est béni ;
Sainte Marie, Mère de Dieu,
Priez pour nous, pauvres pécheurs,
Maintenant et à l'heure de notre mort,
Amen. »

C'est aussi un temps pour rendre hommage à vos ancêtres (ceux qui sont déjà de l'autre côté du rideau), vos alliés (ange gardien, animal totem, guides spirituels...).

Puis je remercie pour tous les bienfaits de ma vie, avant de formuler ma demande que j'oriente généralement vers deux directions :

- Pour moi-même.
- Pour les autres (de mes proches vers la Terre entière).

Enfin, il est important de terminer par « que tout se passe pour le mieux dans le meilleur des mondes, et plus si affinités », c'est ma formule préférée pour ne rien oublier et me sentir ouverte à la magie de la vie. Je dois bien avouer qu'avec les années je ressens de plus en plus de connexion, et de bien-être dans cette pratique puissante.

Et vous terminerez votre prière avec un geste de clôture (peut-être le même que celui de départ). Pour ma part, je réitère mon signe de croix en terminant par *Amen* (signifiant « ainsi soit-il »).

Vous pourrez répéter la prière autant de fois que nécessaire en étant attentif aux messages ou synchronicités qui vous parviendront.

Rappelez-vous que prier, c'est ouvrir son cœur, se relier au divin (à plus grand que soi), c'est s'unir à la création et à tout ce qui est, en cela le simple fait de prier est un moment sacré.

Vous pourriez commencer et/ou terminer votre journée par une prière (occasionnellement ou quotidiennement) : cela permet de donner une direction à votre journée et de dormir plus serein.

Et au minimum, faire acte de **gratitude** pour remercier des bienfaits de votre vie peut être suffisant comme prière, car votre cœur, comme une jolie rose, s'ouvre pour libérer sa meilleure fragrance délicieuse. Et avouez que si vous étiez Dieu, vous préféreriez certainement écouter une personne reconnaissante qu'une autre qui ne fait que râler et demander, non ?

En voici de tradition amérindienne, comme je les affectionne tant :

« Ô Grand Esprit, dont j'entends la voix dans les vents
et dont le souffle donne vie à toutes choses, écoute-moi.
Je viens vers toi comme l'un de tes nombreux enfants,
Je suis faible… je suis petit… j'ai besoin de ta sagesse et de ta force.
Laisse-moi marcher dans la beauté, et fais que mes yeux
aperçoivent toujours les rouges et pourpres couchers de soleil.
Fais que mes mains respectent les choses que tu as créées

et rends mes oreilles fines pour qu'elles puissent entendre ta voix.

Fais-moi sage, de sorte que je puisse comprendre ce que tu as enseigné à mon peuple et les leçons que tu as cachées dans chaque feuille et chaque rocher.

Je te demande force et sagesse, non pour être supérieur à mes frères mais afin d'être capable de combattre mon plus grand ennemi, moi-même.

Fais que je sois toujours prêt à me présenter devant toi

avec des mains propres et un regard droit.

Ainsi, lorsque ma vie s'éteindra comme s'éteint un coucher de soleil,

mon esprit pourra venir à toi sans honte… »

Prière ojibwa

QUELQUES PRIÈRES SPÉCIFIQUES

PRIÈRE POUR COUPER LE FEU[47]

Je l'ai testée plusieurs fois sur des brûlures légères à modérées ou des coups de soleil avec succès.

Lorsque vous réciterez cette prière, vous passerez le pouce droit salivé au-dessus de la brûlure en faisant un signe de croix à chaque ligne :

« Feu de Dieu,
Perds la chaleur,
Comme Judas
Perdit ses douleurs,
Quand il trahit,
Par passion vive,
Jésus au Jardin des Oliviers. »

47 Que j'ai découverte dans le livre de Yann Lipnick, *Les Esprits de la nature*.

PRIÈRE POUR LES COUPS[48]

Je l'ai expérimentée plusieurs fois sur mes orteils gauches, que j'ai heurtés violemment sur des pieds de chaise ou de lit, le genre de coup m'obligeant à utiliser auparavant des béquilles pendant deux jours : eh bien, j'ai pu reposer le pied à terre et marcher dans l'heure qui a suivi, c'était incroyable !

En récitant trois fois la prière, vous ferez un cercle non fermé, au-dessus du coup, avec le pouce salivé :

« Saint Pierre,
Saint Roc,
Enlève-moi le coup. »

Ces prières fonctionnent, que vous soyez religieux ou non.

Pour que vos prières soient exaucées, il est toujours important de prier avec confiance et de lâcher prise sur la peur comme sur le résultat, et d'avoir des pensées positives. Vous pouvez les réciter intérieurement ou à voix haute, et même en chantant si le cœur vous en dit.

PRIÈRE POUR VOS ALLIÉS (« MONDE D'EN BAS OU DU DEDANS »)

Pour ce qui est de vos alliés, je vous conseille de faire appel à vos animaux totems[49] : aigle, cerf, ours, loup, buffle, souris… Chacun peut vous apporter une aide précieuse en vous partageant sa « médecine », c'est-à-dire son pouvoir naturel. Ils agissent sur le « monde d'en bas », c'est-à-dire sur le corps physique. Vous pouvez les contacter en prière, en intention, ou par le biais d'un voyage chamanique.

Si vous effectuez une randonnée en montagne, je vous conseille de faire appel à l'esprit du bouquetin, et de lui demander de partager avec vous sa force, en imaginant que celle-ci se place sur vos jambes. Vous verrez, c'est assez stupéfiant !

---

48 Également dans le livre de Yann Lipnick, *op. cit.*

49 Animaux qui vous aident par leurs caractéristiques.

Pour trouver votre animal totem (votre allié principal dans le monde d'en bas), vous avez plusieurs façons :

- par un voyage chamanique ;
- par une intuition ou un rêve ;
- mais aussi simplement en lui demandant de vous envoyer des signes.

Cet animal allié peut rester le même pendant des années, puis changer, car vos besoins ne sont plus les mêmes. On peut en avoir plusieurs, quand certaines personnes n'en auront qu'un toute leur vie…

Quand il y en a plusieurs, voici les catégories principales :

- **L'Animal de Pouvoir :** il « est vous », vous représente, il est votre guide intérieur, votre Moi animal, le reflet de votre âme profonde.
- **L'Animal totem féminin et celui masculin :** le premier est en lien direct avec votre partie féminine (yin) et le second avec votre partie masculine (yang). Il s'agit de les faire s'entendre et se compléter avec harmonie.
- **L'Animal Gardien :** c'est un protecteur, présent pour vous défendre et vous protéger durant vos voyages chamaniques, vos méditations ou vos rites.
- **L'Animal Compagnon :** un allié qui vous aide comme un ami, pour vous apporter les choses dont vous avez besoin en fonction de ses propriétés.

Votre animal sera ensuite toujours là pour vous, pour répondre à vos interrogations, vous guider, vous aider, vous soutenir… Comme un enseignant, un sage, un conseiller, il vous accompagne et vous nourrit de ses valeurs.

J'avais l'intuition que le mien était le Cerf, alors pour le vérifier j'ai demandé à l'Univers de m'envoyer un signe fort : j'étais en voiture et dans la minute qui a suivi, j'ai vu un panneau « attention au cerf ». La preuve était faite !

Pour communiquer avec son animal totem, il faut établir un « code » : lorsque vous le rencontrez et communiquez avec lui, il faut lui demander comment le joindre la prochaine fois. Pour mon Cerf, il m'avait indiqué d'entrer dans mon cœur pour le trouver.

Ces alliés peuvent vous procurer toutes sortes de soins de guérison sur le plan physique : je me rappelle encore cette fois où le résultat avait été spectaculaire. J'avais mal au ventre depuis quinze jours, un mal qui allait et venait, et cette après-midi-là, c'était devenu vraiment très fort et l'EFT restait sans effet, pas plus que les huiles essentielles. Je décidai donc de partir en voyage chamanique : accompagnée par le son du tambour (grâce à une bande enregistrée[50]), je descendis dans le monde d'en bas pour y trouver mon ami le Cerf. Celui-ci m'emmena sur une haute montagne pour recevoir les soins d'un guérisseur. Installée sur une table de pierre en plein soleil, je sentis mes cellules se modifier et guérir. Quelques minutes après, lorsque je revins de « voyage », j'étais complètement guérie, plus aucun mal de ventre. Je n'ai jamais vraiment su ce qu'il exprimait, probablement de l'inquiétude, toujours est-il que la douleur avait complètement disparu ! Quel soulagement !

Le voyage chamanique (transe légère) se fait généralement accompagné d'un tambour (celui-ci vibrant à la même fréquence que la Terre), qui produit une vague d'ondes alpha (comme en méditation) et thêta (liées à la créativité, à une forte imagerie mentale et aux états extatiques) dans le cerveau (induisant un état modifié de conscience et réduisant le stress).

Parmi les nombreux alliés du peuple animal[51], on trouve :

- Le Cerf, qui allie la douceur avec la force et la détermination. Il symbolise l'énergie du cœur et la possibilité de se mouvoir à travers la vie et de contourner les obstacles avec grâce, d'être en contact avec son enfant intérieur, la sensibilité et l'intuition, mais aussi la vigilance et la capacité à changer promptement de direction, et enfin le pouvoir de se régénérer et d'être en contact avec les mystères de la vie.
- L'Aigle, aussi surnommé le messager du monde des esprits, représente la puissance de la capacité de visionnaire. Il encourage le développement de l'intuition et apporte des enseignements sur les meilleures manières d'élever votre point de vue et de prendre du recul par rapport aux situations. Il invite à gagner

50 Par exemple le « Tambour » de Liliane Van der Velde, disponible sur Deezer.
51 Pour en savoir plus : www.animal-totem.fr.

en puissance d'observation, à clarifier sa vision, à se concentrer sur les tâches à accomplir et à développer sa conscience spirituelle.

- Le Loup est l'animal instinctif par excellence. Il allie l'intelligence, l'appétit de liberté et l'importance des liens sociaux. Il vous demande de prêter attention à ce que votre intuition essaie de vous communiquer. Il offre la capacité de gérer des questions importantes stratégiquement et avec tact.

- ...

À VOUS DE JOUER

Allumez une bougie, brûlez de l'encens ou de la sauge (que vous passez sur vous et dans la pièce), vous créez ainsi un espace purifié et protégé.

Prévoyez trente minutes sans être dérangé.

Allongé sur le dos sur un lit ou le sol, vous mettez une bande-son (au casque de préférence) de tambour[52] prévue pour un quart d'heure (ne pas dépasser vingt minutes).

Vous ne mettez pas immédiatement la musique et commencez par vous détendre et vous ancrer (prenez plusieurs respirations profondes et abdominales, sentez votre corps devenir de plus en plus lourd, en démarrant la détente de la tête et en descendant vers les pieds). Vous pouvez également imaginer de profondes racines qui sortent de vos pieds et de votre sacrum et qui s'enfoncent dans le sol.

Formulez votre intention de voyage dans votre tête: ce peut être rencontrer votre animal totem, ou obtenir une guérison de votre corps, ou une guidance...

52 Je vous conseille à nouveau le « Tambour » de Liliane Van der Velde : *Appel aux directions et voyage chamanique*, disponible sur Deezer ou sur YouTube : https://youtu.be/EjVyAHFYrUQ.

Par exemple : « J'ai maintenant l'intention de faire un voyage chamanique dans le monde d'en bas à l'aide du son du tambour afin de rencontrer mon animal de pouvoir, et je reviendrai ici à la fin des battements du tambour. »

Quand vous vous sentez prêt et centré, allongez-vous (si ce n'est pas encore fait), mettez un bandeau sur vos yeux et démarrez la bande-son.

Respirez profondément, amplifiez la détente dans votre corps et sentez sous votre corps les points de contact : vous ne faites qu'un avec la terre...

Puis lorsque vous êtes prêt :

- Imaginez une belle forêt verdoyante (imaginaire ou que vous connaissez). Vous vous y sentez bien et détendu, un peu comme chez vous, et vous pénétrez avec confiance dans cette belle nature, vous avancez un pas après l'autre, tranquillement, jusqu'à apercevoir un très grand arbre. Il est plus gros que tous les autres, si gros qu'en son cœur se trouve un trou bien assez grand pour que vous puissiez y pénétrer sans effort : c'est la porte qui mène au monde d'en bas. Vous n'êtes pas effrayé par ce trou, mais au contraire curieux et serein. Vous vous approchez lentement de cette ouverture, en pleine confiance.

- Observez bien ce trou, détaillez l'arbre, puis, quand vous vous sentez prêt, vous entrez et découvrez un escalier secret qui descend en tourbillon dans les profondeurs de la Terre. Ce peut être aussi un toboggan géant, toujours est-il que vous commencez à descendre (ou à glisser), sereinement, de plus en plus profondément.

- Au bout de cette longue descente, vous arrivez tranquillement dans une autre forêt, différente de la première : la forêt d'en dessous du monde. Elle est lumineuse, et peut-être y a-t-il un lac, des montagnes... ? Laissez cette forêt se dépeindre, ne provoquez rien, ne cherchez pas à créer une réalité, laissez-la se manifester à vous. Appréciez simplement cette découverte merveilleuse. Vous-même serez peut-être différent aussi ! Regardez vos vêtements, vos cheveux, votre peau... Laissez se manifester tout ce qui le souhaite, en pleine confiance et détente.

- Si vous souhaitez rencontrer votre animal totem (peut-être pour la première fois) : appelez-le, demandez-lui gentiment mais fermement de venir à vous, puis attendez un instant qu'il vienne. Si vous ne voyez rien, regardez vos pieds, vos bras, car il est possible qu'il vous ait ingéré et que vous ne fassiez plus qu'un avec lui. Quand cet animal se présente à vous, demandez-lui s'il est bien votre animal totem, sinon remerciez-le avant de lui faire passer son chemin et appelez de nouveau votre animal totem à vous. Il se peut qu'un animal vienne, qu'il se présente ou non, qu'il disparaisse rapidement ou qu'il s'installe près de vous... Laissez-vous surprendre, restez sans attente. En principe, le premier que vous verrez est censé être votre animal de pouvoir.

- Une fois que vous aurez rencontré votre animal et échangé avec lui, demandez-lui de vous faire découvrir ce monde intérieur : quel message votre animal souhaite-t-il vous délivrer ? Si vous souhaitez une guérison ou obtenir des réponses, demandez-lui et suivez ses conseils. Peut-être vous mènera-t-il vers un lieu de guérison ou vers un guérisseur : suivez-le. Vous pouvez lui demander par exemple : « Que dois-je changer à ma vie ? Que dois-je mettre en place ? »

- Puis, quand vous vous sentirez prêt, vous pourrez lui demander de vous ramener à l'endroit où vous êtes arrivé. Prenez le temps de le remercier, de lui demander comment communiquer avec lui à l'avenir, quand vous aurez besoin de son aide, puis vous pourrez repartir par là d'où vous venez. Vérifiez avant de bien avoir tous vos membres, d'être bien entier, puis vous allez remonter l'escalier (ou le toboggan), sortir de l'arbre, vous retrouver dans la forêt du début, tourner le dos à l'arbre et revenir doucement chez vous en refaisant exactement le même chemin en sens inverse. Puis tranquillement, vous rouvrirez les yeux, vous pourrez vous étirer, bâiller.

- Puis, sans un mot, vous prendrez le temps de noter sur un carnet le récit de votre voyage avec tous les détails, car la richesse de ce genre d'expérience s'évanouit rapidement (comme les rêves) si on ne la retient pas. Je vous conseille de garder pour vous le contenu de vos voyages, car c'est très intime et puissant, mais cette expérience perdra son énergie si vous la racontez à tout le monde.

Pour vos prochains voyages, écoutez votre intuition pour savoir à quelle fréquence vous en avez besoin. Sachez que chaque voyage est différent et que le paysage du monde d'en bas peut varier d'une fois sur l'autre, votre animal peut décider de ne pas se manifester ou d'autres animaux peuvent venir à vous… Il est important de ne rien accepter de boire ni manger dans le monde d'en bas, sans l'accord de votre animal totem.

Et si à n'importe quel moment du voyage vous vous sentez mal, interrompez et revenez à ici et maintenant.

Pour vos prières, surtout, comme toujours, faites-vous plaisir et soyez créatif : vous pouvez chanter, faire brûler une bougie, porter une couronne ou un vêtement de cérémonie, faire une offrande (tabac ou nourriture pour les esprits de la nature)… L'essentiel est que votre cœur vibre et que vos pensées soient remplies d'amour.

Vous pouvez prier la Lune, la nouvelle saison, l'esprit du lieu… Il y a tant de choses à quoi nous relier…

La visualisation

Saviez-vous que votre cerveau ne fait pas la différence entre le réel et le virtuel : en effet, si on vous équipe de capteurs qui enregistrent sous vos doigts la sudation et d'électrodes qui mesurent vos battements cardiaques, on s'aperçoit que devant un film d'horreur vous ressentez immédiatement les mêmes émotions de stress que si c'était bel et bien réel (transpiration et accélération du rythme cardiaque).

Faisons une petite expérience : fermez les yeux et imaginez que vous tenez dans vos mains un beau citron bien jaune. Prenez le temps de le détailler, d'imaginer que vous pouvez le sentir dans votre main : son poids, sa température… Maintenant, toujours les yeux fermés, imaginez que vous coupez en quartiers ce citron, puis que vous mordez dedans à pleines dents, comme si c'était réel.

Si vous avez bien joué le jeu, qu'avez-vous ressenti ?

La plupart ont salivé et parfois grimacé en imaginant l'acidité du fruit !

Eh oui, on dit même que vous pourriez faire votre séance de musculation tout en visualisation pour obtenir la même quantité de muscles qu'une personne qui aurait pratiqué en réel la « gonflette »… Je n'ai jamais eu cette patience mais cela se tente, non ?

En revanche sur la plage, il m'est déjà arrivé d'imaginer que je recevais un massage du dos, et véritablement de le faire pendant une demi-heure pour m'apercevoir que j'étais très détendue et que mon dos était plus confortable.

Si le cerveau est capable de libérer des hormones de stress ou de plaisir face à un stimulus virtuel, de créer du muscle ou de se détendre par la simple imagination d'exercices ou de massages, alors vous comprendrez que son pouvoir est immense : il est capable du pire comme du meilleur !

À nous de l'utiliser, et surtout de l'éduquer, car il est un excellent élève et ne demande pas mieux que de suivre les programmes mentaux de façon automatique (à partir de 35 ans, nous avons 95 % de nos programmes qui le sont !).

Corps, cœur, mental et énergie sont en permanence interreliés, l'un agissant sur les trois autres en continu... Vous réalisez certainement à présent l'importance de pouvoir créer de l'imagerie mentale ultra-positive !

C'est d'ailleurs tout le propos de la PNL[53], que j'ai adoré découvrir lors de ma formation de maître praticien : tout est d'une logique merveilleuse à l'intérieur de chacun de nous, et notre cerveau est un disciple fidèle qui ne demande qu'à exécuter les ordres, parfois trop malheureusement... En effet, il ne fait pas la différence entre ce qui est bon ou limitant pour nous : si votre père vous a nourri pendant l'enfance de compliments et a cru en vous, il est probable que vous fassiez partie des personnes qui ont confiance en elles ! En revanche, si vos parents ou éducateurs vous ont répété que vous ne valiez pas grand-chose, vous avez certainement une faible estime et la croyance que vous n'êtes pas capable de réussir... ce qui bien sûr vous limite dans la vie.

Pour atteindre un objectif, vous aurez besoin de toutes vos forces vives et d'un mental positif et focus sur le bonheur. C'est comme si vous souhaitiez aller quelque part : c'est bien plus facile si vous avez une carte routière ! Eh bien, effectuer des exercices de visualisation, c'est la même chose : vous préparez le chemin pour rendre aisée l'atteinte de votre destination...

Saviez-vous que certaines personnes sont programmées au bonheur, comme d'autres au malheur ?

La psychologie positive vous explique que cela vient :

- de vos gènes (pour 50 %), ceux-ci s'activant ou non selon votre terrain (alimentation, activités, habitudes, relations...) ;
- des faits (pour 10 % seulement) : les événements agréables ou drames de votre vie ;
- de votre regard, c'est-à-dire de l'interprétation des faits (pour 40 % !) : comment je vis les situations en fonction de mes croyances et de mes filtres (voir le verre à moitié plein ou à moitié vide).

---

53 Programmation neurolinguistique : thérapie comportementale inventée dans les années 1960 aux États-Unis.

La PNL va encore plus loin : elle explique que votre bonheur (et avec lui votre santé, etc.) dépend de la façon dont sont codées les informations dans votre cerveau ! À la façon d'une vitrine de magasin, les clients décideront d'entrer ou non à partir de la « forme » de ce qu'ils perçoivent. Ainsi, la façon dont vous avez stocké un souvenir dans votre mémoire déclenchera en vous (à son rappel) de la joie, de la neutralité, de l'angoisse, de la colère… en fonction de différents paramètres (ou submodalités) : image ou film, couleurs, netteté, taille, son, température, poids… et le plus important : êtes-vous associé[54] ou dissocié[55] de cet événement (passé, présent ou futur) ?

Personne ne nous a jamais appris à programmer notre cerveau pendant notre enfance, et c'est bien dommage, car cela offre des possibilités infinies ! Chacun de nous a fait de son mieux, comme il a pu en fonction des modèles qu'il a rencontrés pendant son enfance, apprenant par mimétisme, mais malheureusement nous n'avions pas les clés pour installer dans notre disque dur les stratégies de succès, et il nous a fallu souvent batailler ferme pour finalement en « dénicher » certaines… ou pas !

Chaque chose que nous effectuons obéit à une stratégie mentale : notre façon de nous réveiller, de nous habiller, de conduire une automobile, de mener nos entretiens, d'obtenir une promotion… Et la structure de nos programmes se trouve dans notre tête et peut être décodée par un expert à partir de nos mouvements visuels.

54 « Je vis la scène comme si j'y étais : je peux voir mes mains et mes pieds, mais pas mon visage. Je vois, j'entends et je ressens. »

55 « Je vois la scène de l'extérieur, comme un observateur : je me vois en train d'agir. Je vois et j'entends mais ne ressens rien. »

Donc, le bonheur peut se programmer, à commencer par prendre conscience que notre tête est comme un poste TV qui diffuse continuellement des images (agréables ou horribles), mais que nous ne sommes pas obligés de subir, car nous avons la télécommande ! Le simple fait de changer la direction de nos yeux va modifier nos processus mentaux : donc, le super conseil, c'est que si vous broyez du noir, il vous faut immédiatement bouger les yeux !

Un autre conseil : soyez « associé » à tous vos souvenirs heureux et dissocié de tous vos souvenirs douloureux, c'est la meilleure façon d'augmenter significativement votre niveau de bien-être !

À VOUS DE JOUER

Pour programmer votre cerveau au bonheur, il faut lui apprendre à se détacher des événements « négatifs » (en leur donnant moins de puissance « cinématographique ») et, au contraire, à se nourrir pleinement des bons moments (en amplifiant l'impact émotionnel).

La très bonne nouvelle, c'est qu'il ne suffit que de quelques jours pour reprogrammer durablement votre mental !

Voici comment procéder pour rééduquer vos programmations :

Le soir au moment du coucher, les yeux fermés, repassez en revue votre journée pour repérer les souvenirs à « amplifier » et ceux à « neutraliser » (car désagréables).

Vous allez modifier les submodalités, de façon à augmenter votre niveau de bonheur pour les premiers et à pacifier le souvenir pour les seconds.

Pour cela, vous pouvez modifier les critères suivants :

- Associé (idéalement, il est préférable que vous soyez associé aux souvenirs agréables, c'est-à-dire « comme si vous étiez en train de revivre la scène pleinement ») ou dissocié (vous vous voyez en train d'agir comme sur un écran).

- Visuel : image ou film, taille (petit, grand ou plein écran), distance, couleurs, lumière, forme de l'image, cadre, netteté...

- Auditif : silence, volume, provenance du son...

- Kinesthésique : température, poids, parfum, saveur, textures...

À vous d'être créatif : vous pouvez complètement ajouter ou enlever des éléments au décor (musique, parfums...).

En résumé, il s'agit de reprogrammer :

- vos événements douloureux : sur un écran (dissocié), loin, petit, flou, terne... de façon que leur souvenir ne déclenche rien chez vous sur le plan émotionnel ;

- vos événements positifs : plein écran, lumineux, coloré, avec de la musique, des parfums de fleurs... de façon qu'ils prennent beaucoup de place dans votre tête.

Après quelques jours, votre fabuleux cerveau aura appris comment traiter les événements positifs ou négatifs, afin d'augmenter radicalement votre niveau de bien-être et de bonheur ! C'est magique !

Au-delà de la question de la programmation mentale, la visualisation est reconnue pour attirer à nous les situations et les événements que nous souhaitons, selon la loi d'attraction.

Si l'on dit parfois « loin des yeux, loin du cœur », nous nous apercevons que c'est exactement comme cela que notre cerveau traite l'information. Fermez les yeux et pensez à une personne pour laquelle vous ne ressentez rien, puis à une autre que vous adorez : comparez les deux images (cadrage, proximité, taille, couleurs...). Très certainement, aurez-vous remarqué que la première est plus petite et lointaine, de pied ou de buste, alors que la seconde est proche, plein écran, cadrée plus prêt...

Eh bien, pour ce que nous voulons, c'est pareil : il faut que l'image de votre guérison, de votre souhait, de votre intention soit très proche de vous, comme si c'était fait.

Imaginez régulièrement dans votre tête ce que vous désirez en mode « associé » (image, son et ressenti) jusqu'à ce que cette idée vous soit familière : elle entrera alors dans votre champ de conscience et se réalisera, car ce qui est dedans est dehors... !

Afin de vous aider, vous pouvez créer votre tableau de visualisation (collez sur un carton les images découpées à partir de magazines ou dessinez vos intentions), et placez-le à un endroit bien visible afin de vous rappeler régulièrement vos souhaits et ainsi, par répétition, vous programmerez votre cerveau.

Focaliser sur le positif

« Méfie-toi des pensées négatives,
car elles s'attaquent au corps et à l'esprit.
Elles sont les premiers symptômes du mal.
Guéris ton esprit si tu veux guérir ton corps. »
Dugpa Rimpoché

L'être humain est programmé génétiquement pour la survie, et pas pour le bonheur ! Eh oui, c'est comme ça : il enregistre volontiers tous les événements douloureux afin de pouvoir nous en préserver si d'aventure ils se reproduisaient. Nous avons donc en base de données cérébrale tous nos mauvais souvenirs, qui avec les années assombrissent notre ciel étoilé !

Dans le même registre, nous portons plus facilement attention à tous les dangers potentiels, les menaces, les critiques... que les compliments, les beaux moments, la tranquillité, etc.

À nous de poursuivre l'éducation de notre cerveau : répétez-lui que les dinosaures ont disparu et que nous pouvons désormais jouir de la vie avec plus de sérénité !

Pour cela, il faut lui apprendre à remarquer et mémoriser chaque petite chose agréable de notre quotidien : vous savez, ces petits bonheurs qui feraient les grandes rivières de joie.

Dans nos relations, c'est la même chose : pour que vos relations intimes soient harmonieuses, on dit que le ratio est de cinq compliments pour une critique, quand vos relations professionnelles demandent trois marques de reconnaissance positive pour une négative. La conclusion, c'est que nous devons faire beaucoup plus de compliments !

Cela vous permettra de vous mettre en quête des qualités de vos interlocuteurs, et donc naturellement de tourner votre regard vers ce qui va bien : moralité, c'est bon pour vous et pour les autres (qui pourront ainsi nourrir leur estime personnelle).

Plutôt que de chercher des poux à votre voisin, vous devrez désormais chercher ses pépites ! Illuminant d'un seul geste vos deux cœurs…

C'est une très jolie pratique à exercer en famille, avec vos enfants (pour les habituer très tôt à voir la vie en rose) : chaque soir, dressez ensemble le journal des accomplissements et réussites, des petits bonheurs, des moments préférés… et profitez-en pour faire acte de gratitude !

Si vous êtes seul, ça marche aussi : remettez à la mode le fameux journal intime et inscrivez-y tous vos bons moments de la journée.

Lorsque vous mettez en mots, vous créez de nouveaux sillons neuronaux : les fameuses routes du bonheur. Et comme l'information dans notre tête prend toujours le chemin le plus facile, c'est désormais ce canal qu'elle utilisera en priorité… Vous êtes ainsi en train de vous nourrir de potion magique !

Focaliser sur le positif, c'est aussi utiliser plus souvent votre cerveau émotionnel, intuitif, créatif (le cerveau droit) afin de le muscler.

Pour cela, je vous invite à commencer chacune de vos journées par un tirage de carte, comme *Le Petit Oracle de la forêt* (de Jessica Le) ou *Guérir avec l'aide des fées* (de Doreen Virtue), que j'utilise personnellement quotidiennement. Ces cartes réveillent votre imaginaire et vous branchent sur votre ressenti. Vous pouvez bien sûr les utiliser pour répondre à vos questions du moment : elles sont d'une justesse déconcertante…

À VOUS DE JOUER (1)

Chaque jour, imaginez que vous êtes un grand reporter et que vous parcourez le monde (ou votre petit monde en tout cas), équipé d'un appareil photo virtuel à la recherche des plus beaux clichés.

Vous devez rester animé par votre quête du beau et scruter votre environnement : ce peut être une fleur sur le bord de la route, un visage espiègle, une main tendre, un baiser amoureux, le rire d'un enfant, le rose du ciel couchant... Lorsque vous avez sélectionné la scène, imaginez que vous souhaitez l'immortaliser en « entrant » cette image dans votre cerveau.

À vous de relever le défi et de rapporter une douzaine de magnifiques clichés de votre journée.

Jour après jour, vous constaterez que la vie est plus belle. Vous allez devenir très riche de bons moments...

À VOUS DE JOUER (2)

Choisissez-vous un joli cahier et baptisez-le : « JOURNAL DE MES ACCOMPLISSEMENTS ».

À chaque fois que vous réussissez quelque chose, que vous êtes fier de vous (que ce soit pour un examen ou la recette tant convoitée du fondant au chocolat), qu'il vous arrive un heureux événement : notez-le dans votre cahier.

Cette bible de l'optimisme vous réchauffera lorsque votre baromètre prendra un coup de froid !

Vous avez également la possibilité d'utiliser un gros vase (type bonbonnière) et de noter vos bonnes nouvelles sur des petits papiers que vous plierez et mettrez dans le pot.

Vous commencerez le 1er janvier (idéalement), ce qui fait que le 31 décembre vous pourrez vider le pot et prendre plaisir à relire toutes les belles choses de l'année écoulée...

Enfin, vous pouvez utiliser un pot avec un enfant qui manque de confiance et d'estime pour lui-même : vous choisirez un petit objet pour servir d'unité (des petits bonbons ou des billes...). Pour l'aider à se reprogrammer, chaque jour pendant un mois minimum vous lui offrirez entre trois et cinq « unités », pour le féliciter de comportements et attitudes qui ont été positifs, afin qu'il les mette dans son pot. À la fin du mois, vous ferez le bilan et insisterez sur tout ce qu'il a fait de merveilleux...

Au passage, posez-lui ces questions essentielles[56] :

- Qu'as-tu besoin de faire pour que je t'aime ? (La réponse est rien, car l'amour est inconditionnel.)
- Sais-tu ce que j'aime le plus chez toi ? (Répondez-lui par « tes yeux ou ton sourire », quelque chose qu'il ne perdra jamais.)
- À quoi sais-tu que je t'aime ?
- Comment me montres-tu ton amour ?

Poser des intentions

« Il n'est point de vent favorable
à celui qui ne sait où il va. »
Sénèque

Vous avez un corps merveilleux, équipé d'une formidable intelligence, un bijou de technologie... Mais encore faut-il définir ce que vous souhaitez réaliser, accomplir, nourrir dans votre vie pour utiliser votre incroyable pouvoir de création... !

Savez-vous comment on capture un singe ? On attache une noix de coco ouverte d'un trou de la taille du poignet, avec des friandises à l'intérieur : il entre ainsi la main pour prendre ce qui est à l'intérieur et ferme le poing. Sa main ne peut sortir alors et comme il ne veut pas lâcher ce qu'il tient, il en reste prisonnier...

Le secret de l'intention, c'est de ne pas rester accroché comme le singe ! Vous fixez votre cap, puis vous devez lâcher prise !

56 Extraites du merveilleux livre de Christiane Larabi, qui fut une de mes formatrices en PNL, *Aidez votre ado à avoir confiance en lui*.

Tant que vous vous accrochez à votre objectif, vous envoyez à l'Univers le signal qu'il vous manque quelque chose : vibrant « manque », vous ne pouvez attirer à vous l'objet de votre désir, quel qu'il soit ! Vous devez vibrer « complétude », c'est-à-dire émettre un souhait avec foi, puis poursuivre votre vie dans le sentiment que tout est parfait, absolument parfait, et que vous avez tout ce qu'il faut maintenant pour votre bonheur.

Si l'objectif fait l'objet d'une quête en dents de scie (comme les montagnes russes) avec une représentation linéaire, l'intention est à concevoir en spirale, comme appartenant au grand cycle de la vie : naissance, croissance, maturité, mort, renaissance… Sans début et sans fin.

On retrouve ici la vision des peuples premiers, qui fut pour moi une révélation : c'est la « roue médecine », avec ses quatre directions, chacune correspondant à une saison, à un âge de la vie, à un moment de la journée, et à des valeurs et ressources singulières… Elle est aussi appelée « roue de la vie », car elle s'applique à tout ce qui vit sur cette Terre, de la petite fleur à l'éléphant, en passant par vous !

Les cercles se superposent : 365 jours dans une année et combien d'années dans une vie… et toujours ces révolutions solaires, alternance d'ombre et de lumière, d'inspire et d'expire, car tout est flux et déflux, dansant la folle farandole de la vie.

Cette roue médecine s'aligne sur les quatre directions cardinales (nord, est, sud, ouest) et tourne sans cesse pour s'enrouler autour de son centre, l'unité, nous permettant ainsi d'évoluer et de progresser :

- **EST :** c'est la direction du petit matin, de l'élan, de l'enthousiasme, de la nouveauté, de la créativité, du printemps, avec comme symbole l'Aigle.
- **SUD :** c'est la direction du milieu de journée, de la maturité, de la croissance, de la célébration, de la puissance, de l'été, représentée par la Souris.
- **OUEST :** c'est la direction du crépuscule, de la vieillesse, le temps de la récolte, de l'intuition, du bilan, de la force, de l'automne, associée à l'Ours.

- **NORD:** c'est la direction de la nuit, de la mort et de la renaissance, de la sagesse, de l'intégration des connaissances et de la transmission, de l'hiver, représentée par le Buffle.

Mais il se peut que certains d'entre vous aient du mal à évoluer sur cette roue, se laissant piéger par leur passé, bloqués par un traumatisme, leur éducation ou des émotions refoulées…

- Ils peuvent alors se maintenir, par exemple, dans un éternel printemps, addicts à l'excitation de la nouveauté, à la fraîcheur et à la légèreté naïve de la direction de l'est. Comme d'éternels adolescents, ils souhaiteraient tout vivre dans cette saison, ce qui est impossible ! Ils ne font qu'initier, avoir de nouvelles idées, sans jamais faire grandir, confronter, expérimenter, récolter et terminer les choses : ils risquent de se décourager en essuyant les échecs et vivre beaucoup de frustration.

- D'autres, sudistes éternels, peuvent rester bloqués en été, où ils vont produire sans relâche, contribuant en aidant continuellement les autres, en se donnant sans compter, en travaillant comme des forcenés et alors, gare au burn-out ! Quid du respect de leurs propres limites, de leurs besoins, de leur repos… ? Ils ne peuvent dans ces conditions trouver l'équilibre.

- Pour ceux qui restent perchés à l'ouest, ils passeraient volontiers tout leur temps à méditer, solitaires, reclus au fond d'une grotte sans avoir à communiquer, ni faire… à moins qu'ils n'aient d'autres préoccupations que d'amasser encore et encore plus de biens, d'argent, nourrissant le ventre inassouvi de leur grotte d'Ali Baba ! Ils n'aspirent qu'à la paix royale et se suffisent à eux-mêmes : mais avec si peu d'échanges avec le monde et les autres, la dépression pourrait bien les rattraper…

- Enfin, pour ceux qui sont accros au nord, il se pourrait que leur vie leur passe sous le nez, trop occupés à lire, à enrichir leur savoir, à réfléchir, à poser des stratégies… mais sans jamais agir !

Vous comprendrez qu'aucune de ces directions n'est bonne ou mauvaise en soi, mais qu'il est surtout important d'ÉVOLUER ! Car c'est la seule façon de nous rendre heureux !

À ceux qui répètent inlassablement la même boucle infernale, se sentant piégés dans une histoire qui se rejoue encore et encore, il est temps d'intégrer les énergies et valeurs qu'il vous manque : toutes les portes doivent être franchies pour porter vos intentions au niveau suivant… !

Comme lorsque vous faisiez du carrousel enfant: tous les chevaux sont en mouvement constant, et votre mission à vous est de vous approcher du centre, là où vous trouvez votre stabilité et votre équilibre.

Plus conscient, après avoir parcouru à de nombreuses reprises les espaces des quatre directions, vous allez pouvoir à présent choisir la porte où vous voulez mener chaque domaine de votre vie pour grandir et évoluer harmonieusement.

La peur nous fige, l'insécurité nous pousse à vouloir tout maîtriser, contrôler, immobiliser dans une direction précise un domaine de notre vie: et alors, avec la résistance au changement, c'est la pression qui monte, le stress qui vous envahit avec tous les problèmes qui s'ensuivent…

Voici les quatre temps de la roue médecine:

- Le rêve, la vision.
- La mise en mouvement, l'action.
- L'affrontement des obstacles.
- L'incarnation, la mise en matière.

Cette roue permet également d'être utilisée pour clarifier sa vision:

- **À l'Est, commencer par la vision de l'Aigle:** voir l'ensemble de la situation avec du recul.
- **Au Sud, adopter la vision de la Souris:** voir de près, dans le détail.
- **À l'Ouest:** voir comme l'Ours, avec les sensations, le ressenti, les émotions.
- **Au Nord:** faire la synthèse en adoptant le regard du Bison.

BONUS: une façon aidante de développer votre vision est de réaliser une transe au tambour.

C'est une sorte de voyage express qui vous permettra de développer votre créativité. Pour cela, vous poserez votre intention, comme: « Quels sont les domaines de ma vie qu'il est juste pour moi de faire évoluer aujourd'hui ? » Ou bien: « Quelles sont les intentions qu'il est juste de poser aujourd'hui dans ma vie ? »

Puis vous réglerez un réveil sur sept minutes et vous jouerez du tambour de façon rapide et régulière, laissant les idées jaillir, les accueillant sans les juger ni les approfondir, vous rendant disponible à la suivante, etc.

À l'issue de cette transe, vous noterez immédiatement les idées reçues, c'est votre trésor… !

À VOUS DE JOUER

Je vous propose de faire le point sur votre vie en positionnant dans la roue médecine les différents domaines possibles.

Lesquels souhaitez-vous en priorité faire évoluer en leur accordant votre attention cette année ?

À quel niveau désirez-vous les mener ?

IMPORTANCE	DOMAINE	POSITION ACTUELLE	POSITION SOUHAITÉE
	Amour, estime de soi		
	Confiance		
	Couple, partenaire		
	Sexualité		
	Famille, enfants		
	Amitié, relations		
	Loisirs, hobbies, voyage		
	Santé physique, vitalité		

IMPORTANCE	DOMAINE	POSITION ACTUELLE	POSITION SOUHAITÉE
	Santé émotionnelle, psychique		
	Santé psychique		
	Plaisir, joie		
	Mouvement, sport		
	Créativité, connaissances		
	Sagesse, harmonie		
	Spiritualité		
	Argent, richesse		
	Vie professionnelle, carrière		
	Gestion du temps, organisation		
	Énergie, motivation		
	Sécurité, sérénité		
	Équilibre		
	Reconnaissance, renommée		
	Intuition		
	Pratiques, expérience		

IMPORTANCE	DOMAINE	POSITION ACTUELLE	POSITION SOUHAITÉE
	Contribution au monde, engagement		
	Lieu de vie		
	Sens, mission de vie, destinée		
	Magie, enchantement, rêve		

À la façon d'un camembert à remplir, vous allez choisir pour chaque saison un domaine de votre vie que vous souhaitez faire avancer dans cette direction.

Enfin, vous allez rédiger une prière d'intention pour votre année, votre vie, en exprimant votre gratitude et vos souhaits les plus chers pour vous-même, les vôtres et notre mère la Terre.

Parler vrai

« Il faut aller à la vérité avec toute son âme. »
Platon

Les Quatre Accords toltèques[57], comme un manuel de règles de vie, l'ont très bien rappelé :

- Que ta parole soit impeccable.
- N'en fais jamais une affaire personnelle.
- Fais toujours de ton mieux.
- Ne fais aucune supposition.

Mais avant lui le philosophe partageait déjà l'histoire des trois tamis, que je m'empresse de vous conter :

« Un jour, un homme vint trouver le philosophe Socrate et lui dit :

— Écoute, Socrate, il faut que je te raconte comment ton ami s'est conduit.

— Je t'arrête tout de suite, répondit Socrate. As-tu songé à passer ce que tu as à me dire au travers des trois tamis ?

Et comme l'homme le regardait rempli d'étonnement, le sage ajouta :

— Oui, avant de parler, il faut toujours passer ce qu'on a à dire au travers des trois tamis. Voyons un peu ! Le premier tamis est celui de la vérité. As-tu vérifié si tout ce que tu veux me raconter est vrai ?

57 Livre de Miguel Ruiz.

— Non, je l'ai entendu raconter et…

— Bien, bien. Mais je suppose que tu l'as au moins fait passer au travers du deuxième tamis, qui est celui de la bonté. Ce que tu désires me raconter, si ce n'est pas tout à fait vrai, est-ce au moins quelque chose de bon ?

L'homme hésita puis répondit :

— Non, ce n'est malheureusement pas quelque chose de bon, au contraire…

— Hum ! dit le sage, essayons de nous servir du troisième tamis, et voyons s'il est utile de me raconter ce que tu as envie de me dire…

— Utile ? Pas précisément…

— Alors, n'en parlons plus ! dit Socrate en souriant. Si ce que tu as à me dire n'est ni vrai, ni bon, ni utile, je préfère ne pas le savoir, et quant à toi, je te conseille de l'oublier… »

Les chamans ont coutume de dire :

« Tu marches ta parole, et ta parole te marche. »

Comprenez combien il est important désormais de ne faire qu'un avec votre parole, une parole juste et vraie, qui vous unifie et vous honore, une parole qui vous libère ! Une parole douce aussi, en dehors de l'accusation, car tout ce que vous envoyez vous revient en boomerang, sous forme d'énergie…

Oui, cela demande du courage, et également de l'humilité : acceptez que vous n'êtes pas parfait, ni constant, ni omnipotent et pas plus omniscient… Et vous êtes pourtant un bijou merveilleux et sacré, un diamant brut comme il n'en existe pas deux au monde ! Tout simplement parce que vous êtes vivant ! Et la vie n'est pas figée, elle est en mouvement perpétuel, en changement constant, en évolution permanente…

Alors OUI, vous avez le droit de :

- vous engager, mais aussi de vous désengager d'un contrat avec lequel vous n'êtes plus en accord ;
- changer d'avis et de goût, de relations et de projets ;

- témoigner de vous-même, de vous exprimer dans votre vérité (pensées et émotions), même si cela ne plaît pas à l'autre et qu'il ne partage pas votre avis (tant que vous ne parlez pas sur l'autre en utilisant une communication klaxon « tu… tu… »);
- savoir mieux que personne ce qui est bon et juste pour vous;
- définir seul votre orientation, poursuivre vos rêves, faire vos choix;
- oser demander des services (vous êtes toujours libre de demander, et l'autre a toujours le droit d'accepter ou de refuser);
- prendre des décisions qui ne s'appuient sur aucune logique, mais que votre intuition ou votre instinct vous dicte;
- ne pas vous charger et prendre la responsabilité des besoins ou du bonheur d'autres personnes (vous n'êtes responsable que de votre propre évolution et c'est déjà un gros boulot);
- être fidèle à qui vous êtes aujourd'hui, agir en accord avec vos sentiments profonds, nourrir vos propres besoins;
- refuser de jouer aux jeux interdits (victime, sauveur, bourreau), qui nourrissent faussement les besoins de reconnaissance de part et d'autre;
- protéger votre intimité et votre énergie pour servir votre évolution personnelle;
- avoir vos propres goûts et aptitudes, formes d'intelligence, capacités, rythmes;
- désobéir, refuser d'être sage pour devenir authentique;
- créer votre vie en dehors des liens de fidélité à vos parents ou aïeuls, à votre histoire et vos blessures passées;
- être pleinement vous-même pour faire chanter votre âme et être heureux, pleinement heureux!

Un des derniers engagements que j'ai pris avec moi-même est d'accueillir et écouter l'émotion cachée derrière les symptômes de mon corps, les douleurs: cela est un échange authentique et très puissant. Écouter mes émotions me permet de les exprimer et de libérer l'énergie bloquée de mon corps. Hier encore, j'ai senti que dans mon dos douloureux je portais une grande colère, beaucoup de frustration qui, faute d'être entendue, tournait en moi (et se retournait contre moi) pour se transformer en un lourd chagrin, mélange d'état dépressif et d'anxiété. Lorsque j'ai compris que l'émotion réelle au départ était la rage, j'ai enfilé mes gants de boxe, et je peux vous dire que tous les habitants de la maison ont pu entendre mes coups et mes cris face au sac, ça m'a fait un bien fou, une libération extraordinaire dans mon corps, un regain incroyable d'énergie est arrivé !

C'est d'ailleurs une chose que je constate très souvent : **la fatigue est généralement causée par de la colère masquée et non exprimée** (elle est alors une émotion « parasite »). Nous consommons beaucoup d'énergie pour contenir notre colère (au minimum la même charge que la colère pour tenir le couvercle fermé dessus) et cela nous épuise. Lorsque enfin nous cessons d'être de gentils enfants « bien élevés » et acceptons de devenir des adultes vrais et imparfaits, nous entrons dans la maturité et saisissons notre pouvoir personnel !

Pour moi, la vie est un jeu, une aventure !

Et vous, comment la définissez-vous ? Est-ce un combat ?

Quelles sont les vérités cachées que vous retenez ? Qu'auriez-vous envie de dire de vous ? À qui ?

Sans doute qu'il est temps de le faire...

J'aime beaucoup la célèbre question du film *Le Cœur des hommes* :

« Qu'est-ce que tu ferais si tu étais moins con ? »

Cela ouvre un large champ de possibilités...

Lorsque vous parlez vrai, c'est comme si votre colonne vertébrale se redressait : vous retrouvez votre dignité avec votre verticalité. La congruence vous donne de la force, de la confiance, du charisme et alors votre parole pèse, porte, s'affirme. Vous vous honorez et vous honorez l'autre en faisant preuve du plus grand respect qui soit.

Vous le libérez en vous libérant...

S'inspirer de belles histoires

« Ne renoncez pas à faire ce que vous voulez vraiment faire.
Là où il y a des rêves, de l'amour et de l'inspiration,
vous ne pourrez pas vous tromper. »
Ella Fitzgerald

Votre mental est une base de données géante qui capte et mémorise, puis vous sert à dîner ce dont vous l'avez nourri…

Il est donc important de l'alimenter en belles histoires : qu'il s'agisse de biographies inspirantes (je conserve un merveilleux souvenir de celles de Mère Teresa ou encore de Richard Branson), de romans d'amour et encore plus de contes philosophiques ou dits « de sagesse ».

Pour ces derniers, ne vous y trompez pas, ils ne sont pas réservés aux enfants et transmettent une sagesse millénaire. Tout le savoir ancestral, avant d'être posé sur papier, faisait l'objet d'une transmission orale : les anciens racontaient aux plus jeunes de vieilles histoires au coin du feu, et avec elles éveillaient les yeux de leur auditoire.

Je suis une enfant qui eut le grand privilège de recevoir de la bouche de son grand-père chéri nombre de contes et histoires fabuleux, vecteurs de si belles valeurs comme le courage, la foi, l'amour, le pardon… Ils ont semé dans mon cœur des graines d'espoir et y ont distillé à jamais des paillettes magiques qui continuent, des décennies plus tard, à répandre la joie et une façon merveilleuse de regarder la vie. Plus que l'école ou les leçons de morale de mes parents et éducateurs, c'est dans cette marmite fabuleuse que je viens m'abreuver pour repartir, encore et encore, dans la vie, lorsque les épreuves me mettent à terre. Elle a planté dans mon cœur la certitude que **tout est possible** et que **l'amour et le bon cœur peuvent triompher de bien des périls**, si tant est que l'on y croit !

Je porte une gratitude infinie à ce grand-père, qui fut mon tout premier maître de sagesse.

C'est ainsi tout naturellement que je me suis formée à l'art des contes, pour en écrire et aussi pour en raconter : mais je n'ai pas eu grand mérite à apprendre, car tout cela était déjà vivant en moi, comme un présent reçu dans l'enfance. J'ai en moi cette passion du récit, cette foi inébranlable que l'on peut recommencer, essayer, avancer, guérir, transformer… La vie est un don, le plus cher des présents, un miracle qui en vaut la peine, même si parfois le prix peut sembler élevé…

Aussi, je me permets de vous partager ma liste secrète d'ouvrages « éveilleurs » :

- *Laisse-moi te raconter… les chemins de la vie*, de Jorge Bucay.
- *Le Livre des chemins : Contes de bon conseil pour questions secrètes* (qui peut être utilisé également comme livre de divination), de Henri Gougaud.
- *Si le bonheur m'était conté*, de David Lelait-Helo.
- *Les Plus Beaux Contes zen*, de Henri Brunel.
- *Les 13 Mères originelles*, de Jamie Sams (pour les femmes).
- Et bien sûr, mon préféré : *Les Mille et Une Nuits*, que j'ai le bonheur d'avoir trouvé en collection reliée.

Les contes puisent leur sagesse du fin fond des temps et sont de bien meilleurs conseils que nombre de vos amis ou thérapeutes, car ils parlent d'âme à âme, chacun recevant ce qu'il est prêt à trouver à cet instant.

7 - NOURRIR SON CŒUR POUR NOURRIR SON ÂME

« N'attends pas d'être heureux pour rire.
Commence par rire sans raison, et tu seras heureux. »
Proverbe chinois

Connaissez-vous la joie sans raison ? Oui, oui, vous avez bien lu : sans raison… Même pas grâce à un shopping, une promotion ou le jour de Noël !

La joie sans raison est l'expression du cœur, de la source d'amour et d'abondance qui coule en chacun de nous. Celle qui émerge tel un geyser lorsque nous prenons le chemin de traverse, celui qui nous sort de notre routine.

Tiens, comme celle que j'ai ressentie avant-hier soir en allant chercher mes filles chez une amie à elles. Il faisait beau, le ciel revêtait son manteau rose, la température était douce et l'air embaumait les fleurs et l'herbe fraîchement coupée. J'avais mis un tube des années 1980, le volume à fond, fenêtres baissées, et alors que je les récupérais, une de mes filles me dit : « Maman, s'il te plaît, on ne rentre pas tout de suite, c'est trop cool ! »

Dans ma tête, une seconde d'hésitation : ça n'est pas raisonnable, il est tard, où aller… ? Et puis la lumière qui jaillit en une fraction de seconde : « On s'en fout, la vie, c'est maintenant ! »

Soudain, je prends le chemin inverse, et la magie étincelle : on se met toutes à chanter à tue-tête, à s'émerveiller de la lune naissante, à choisir le prochain morceau de musique, sans aucune destination, juste le choix d'un moment de joie ! Nous avons roulé pendant une vingtaine de minutes, radieuses, souriantes, reconnaissantes à la vie qui nous pénétrait et irradiait de nous… Quelques coups de klaxon gratuits à des passants réjouis. Le bonheur, quoi !

C'est la surprise de l'instant qui en avait fait quelque chose de féerique, simple mais authentiquement vivant. Quand cela vous est-il arrivé la dernière fois ?

Faire grandir sa joie

Nous avons pour habitude de planifier les événements, de les imaginer, de les organiser, et ce faisant, nous les vidons de leur moelle… Nous vivons à l'avance les émotions afférentes, si bien que lorsque le moment se présente, c'est du réchauffé, il n'a plus de jus… ! C'est le Dr Joe Dispenza[58] qui l'explique très bien : la magie ne peut se produire que dans les 5 % de moments non automatisés.

Il y a quelques années, j'ai voulu en faire l'expérience en me lançant un défi dont j'ai écrit un livre : *Mon moi(s) magique : 30 jours de nouveautés pour sortir de sa zone de confort et laisser la magie opérer…*[59].

Quelle aventure ce fut ! À l'époque, je sortais d'un divorce et j'étais enfermée dans un tas de croyances limitantes et souvenirs douloureux, que je ressassais comme un vieux disque rayé, sans parvenir à rallumer mon feu intérieur et retrouver ma joie de vivre. Alors, j'ai pris une mesure radicale : pendant un mois (le cerveau ayant besoin de 21 jours minimum pour se reprogrammer), j'ai fait chaque jour quelque chose de nouveau, comme pour dépoussiérer ma vie et lui donner l'occasion d'une renaissance.

Flamenco, castagnettes, équitation, escalade, trampoline, salsa, nouvelles rencontres, visite de Lyon en Segway… Tout ce que

58 Chercheur en neurosciences et physique quantique, auteur et conférencier.
59 Paru chez Amazon.

j'avais comme désirs refoulés et ensevelis sous des « on verra plus tard, je n'ai pas d'argent, toute seule c'est pas drôle, je suis trop vieille, j'ai peur… », je l'ai listé et réalisé ! L'action a pris le pas sur les limites du mental : les rochers (pensées toxiques) qui bouchaient ma source de jouvence ont explosé en vol et j'ai vécu une aventure extraordinaire. Presque aussi intense que le tour du monde de ma jeunesse, et surtout tellement plus accessible. Ça m'a complètement boostée et fait rebondir, comme si ça relançait ma vie.

J'ai pris soin pour chacune de mes expériences du « mois magique » de ressentir les sensations et d'évaluer la joie qu'elles me procuraient, de les raconter à des amis, de les partager dans un groupe sur Facebook, tout cela permettant d'ancrer en moi cette joie et de créer de nouveaux programmes comme :

- Je n'ai besoin de personne pour faire une activité et me bouger.
- L'argent n'est pas un frein pour s'amuser et s'expérimenter (la plupart des activités étant peu onéreuses, voire gratuites quand il s'agit de cours d'essai).
- Je suis courageuse et capable de dépasser mes peurs : elles ne me limitent que tant que je les laisse faire (j'avais le vertige et j'ai pu, les yeux bandés, monter tout en haut du grand mur d'escalade avec un moniteur).
- Le bonheur est à portée d'action et se vit dans le moment présent, chaque jour, et dès aujourd'hui !

Et pour clore mon défi, j'ai fait une grande fête à la maison pour célébrer ! Le meilleur moyen pour apprendre au cerveau la réussite étant de fêter les succès !

Nous avons ri, chanté et dansé, et j'avais même fait un PowerPoint pour raconter mon aventure !

Oserais-je vous lancer ce défi ? Et surtout, seriez-vous prêt à le relever ? Je prends les paris.

L'idée est de faire grandir votre joie : c'est-à-dire de lui accorder de la place en vous (en habituant vos cellules à se nourrir de joie plutôt que de peur, de colère ou de tristesse) et dans votre vie (en réservant des temps de fêtes, de surprises, de rencontres…).

Pour laisser le maximum de place à votre joie, il faut commencer par lâcher prise d'un maximum de boulets (c'était l'objet de la première partie de ce livre), mais également de contraintes et d'injonctions, comme les fameux « Drivers[60] » de l'analyse transactionnelle :

- **Sois fort !** Qui vient d'expressions du type : « il faut être courageux », « les garçons, ça ne pleure pas », « ce qui ne nous tue pas nous rend plus forts », « arrête de te plaindre », etc.
Bien sûr, ce message peut permettre à l'enfant de devenir plus résistant à la pression, mais va certainement aussi le couper de ses émotions, et l'empêcher d'oser demander de l'aide ou se montrer vulnérable, alors qu'être vivant, c'est justement cela !

- **Sois parfait !** Qui sort tout droit d'injonctions du type : « tu peux mieux faire », « bravo MAIS j'attendais mieux de toi », « c'est bien, MAIS tu peux faire mieux... », qui laissent penser que l'amour se mérite.
Ce message permettra d'avoir une certaine exigence personnelle et poussera au dépassement, mais le problème c'est que la perfection n'existant pas, l'enfant risque de ne jamais se sentir heureux, car insatisfait, craignant la critique et devenant un as du contrôle.

- **Fais plaisir !** Qui provient d'ordres répétés comme : « fais plaisir à ta mère/ton père », « tu me fais de la peine », « tu ne penses qu'à toi », « vois tous les sacrifices que je fais pour toi », « sois gentil, tu vois bien que je suis fatigué », etc.
Bien que cela permette de développer certaines qualités d'altruisme ou d'empathie, l'enfant « trop gentil » risque fort de s'oublier, cherchant à plaire, et craignant surtout de décevoir.

- **Dépêche-toi !** Qui provient de messages du type : « arrête de traîner », « tu es trop lent », « tout le monde t'attend », « tu comprends vite mais il faut t'expliquer longtemps », « le temps, c'est de l'argent », etc.
Bien que cela favorise efficacité et rapidité, cela gâche la saveur de l'instant présent : perdu dans une folle course à la « *to do* », on s'ennuie rapidement et on oublie de respecter son rythme ou de se reposer sans culpabiliser.

60 Messages contraignants, sortes de programmes automatiques installés pendant l'enfance, très souvent par votre éducation.

- **Fais des efforts !** Qui répond à des expressions comme : « on n'a jamais rien sans rien », « à vaincre sans effort, on triomphe sans gloire », « il faut en baver pour obtenir les choses », etc. Si cela développe la patience et la persévérance (voire le sacrifice), cette croyance risque fort d'engendrer une vie de labeur et d'extrême exigence, rendant compliquées les choses simples, tout en ne sachant pas juste accueillir et recevoir les bénédictions. Avec cette croyance impossible de gagner au loto, dommage...

Sans doute aurez-vous repéré un ou plusieurs de vos chers poisons ? On les reconnaît facilement, parce qu'ils envahissent notre quotidien et nous piègent continuellement à notre insu, sinon vous trouverez des tests à faire sur le Net[61] pour établir votre diagnostic.

Pour ma part, un « dépêche-toi » additionné d'un « sois parfait » ont bercé la majorité de ma vie, jusqu'au jour où j'en ai pris conscience : c'était énorme, tous les mécanismes inconscients que j'avais mis en place pour exaucer ces lois personnelles issues de mon éducation.

Mes stratégies étaient multiples : je partais exactement à l'heure « théorique » avant un rendez-vous, ne tenant pas compte de la circulation, ni du temps de stationnement, ce qui avait bien entendu pour conséquence de me faire arriver systématiquement en courant, et en retard...

Je ne m'accordais de repos que lorsque toutes mes tâches étaient accomplies, en me répétant « ça sera toujours ça de fait pour demain »... Mesdames, je pense que vous comprendrez si je vous dis que ça n'était jamais terminé, et que le moment de la pause m'échappait continuellement !

Je planifiais mes séances de coaching l'une après l'autre, sans prévoir de temps entre elles. Et bien sûr, un client arrivant en retard me stressait pour la demi-journée, décalant tous les suivants...

Lorsque je recevais les feed-back de mes stagiaires à la fin d'une formation, au lieu de savourer les 9/10 qui m'avaient attribué de superbes compliments, je bloquais sur le râleur, réfléchissant une heure à la façon de mieux faire la prochaine fois... !

---

61 Par exemple sur https://kolibricoaching.com/self-management/vos-drivers-qui-est-le-pilote-dans-lavion-faites-le-test/.

Lorsque j'ai déprogrammé ces drivers, j'ai mesuré combien j'étais droguée au stress, et ralentir la cadence, appliquer la loi de Pareto[62], instaurer de nouveaux rituels comme commencer par un moment de plaisir ou une pause avant les corvées, me rappeler que le plus important est de prendre du plaisir dans l'instant présent, etc., m'ont permis de réorganiser ma vie et de diminuer de façon significative mon taux de cortisol, et de jouir davantage de la vie.

LOI DE PARETO : EFFORTS ⇒ RÉSULTATS

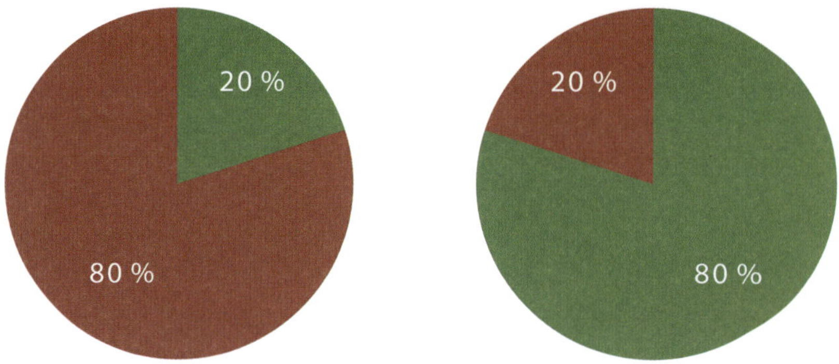

Comme de bien entendu, je ne suis plus jamais en retard aujourd'hui, je ne cours plus (alors qu'avant je chantais régulièrement dans ma tête la chanson de Goldman : « Et elle cooooouuurt, toute la journée, elle coooooouuuurt, de décembre en été… »), mon agenda est plein de blancs, j'ai trouvé le temps pour mes cours de guitare, je ne recherche plus les feed-back négatifs (me fiant avant toute chose à ma propre évaluation)…

Je deviens une jouisseuse (même si j'ai encore à progresser) ! Et je m'aperçois que le monde ne s'arrête pas de tourner pour autant : les enfants ont toujours des habits propres (et ils contribuent d'ailleurs davantage aux tâches ménagères), nous avons à manger dans notre assiette (et j'ai d'ailleurs pris plaisir à cuisiner)… la vie est belle comme ça…

62 C'est le principe des 20/80 (phénomène empirique) : environ 20 % de nos actions rapportent 80 % des bénéfices ! Il y a donc lieu d'en faire moins et renoncer au 100 % de résultat…

Et rappelez-vous ce que nous apprend la CNV, que nous avons abordée plus tôt dans ce livre: lorsque nos besoins sont satisfaits, c'est la joie que nous ressentons. Il vous faut donc oser vous occuper prioritairement de nourrir vos besoins, si tant est que vous vous le permettiez…

Pour en avoir un aperçu, j'aime bien utiliser la roue des permissions[63], qui consiste à représenter sur un schéma circulaire l'étendue plus ou moins grande des permissions dont chacun jouit dans différents domaines de la vie.

À vous à présent de remplir votre roue (en grisant, à partir du centre, plus ou moins longuement pour chaque domaine) à partir de ce qui est présent aujourd'hui pour vous (et pas à l'idéal):

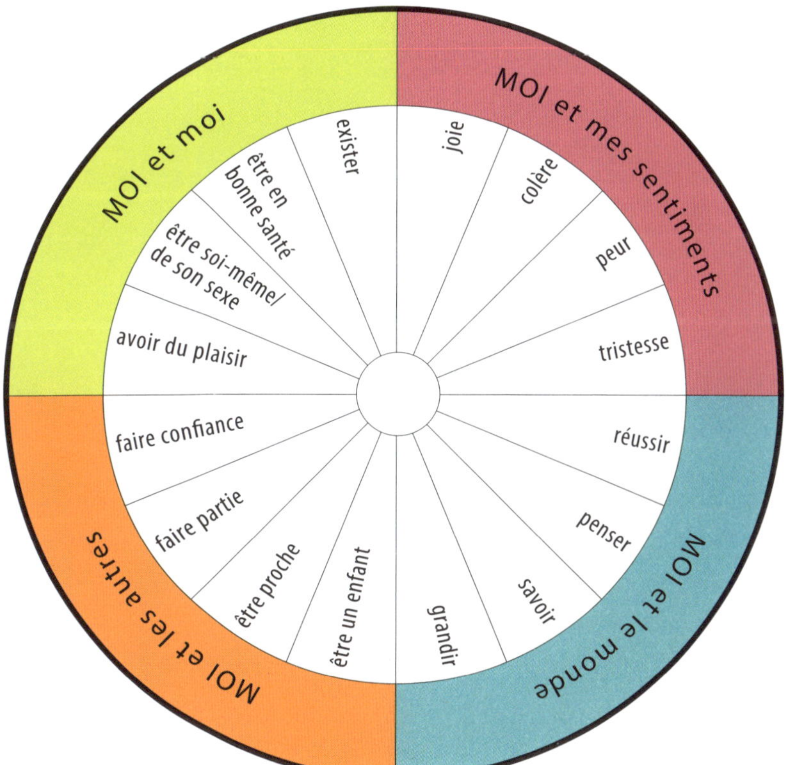

63 Créée par Gysa Jaoui dans les années 1980.

Une fois coloriée, cette roue vous donne un bon aperçu des droits et libertés que vous vous accordez.

Plus c'est rempli et plus vous êtes libre, plus vous osez être vivant !

Pourquoi ne pas vous fixer à partir de ce constat quelques objectifs de progrès ?

Pour ma part, j'ai besoin de m'autoriser davantage à être une enfant, ou à exprimer ma tristesse : je pose l'intention d'être plus à l'écoute de mon enfant intérieur pour le laisser s'exprimer, sous forme de danse ou de pleurs, au plus proche de ma vérité.

Fixez-vous maximum trois objectifs en simultané, afin de ne pas vous noyer et diluer votre force d'intention.

À VOUS DE JOUER

Je vous propose plusieurs exercices pour faire grandir votre joie, celle-ci étant le nectar de l'âme...

• Ancrez les bons moments : chaque jour, prenez le temps de savourer un instant de bonheur en faisant un geste (par exemple frottez vos mains) et en prenant soin d'arrêter le temps quelques secondes pour vous en nourrir (en respirant profondément et en faisant grandir en vous, dans chaque cellule de votre corps, ce bonheur). Ça peut être de prendre votre ami par le bras en lui disant « on est bien là », ou encore de lâcher aux enfants dans la voiture : « Wow, regardez ce beau coucher de soleil », ou encore de « bizouiller » un membre de votre famille pour lui souhaiter une bonne nuit, en y ajoutant de la conscience, en ressentant dans votre cœur toute la valeur de cet instant de bien-être et de paix.

• Pendant un mois, vous allez jouer au jeu des trois kits par jour : c'est-à-dire vivre en conscience trois moments de joie. Par exemple : un bon café le matin ou quelques minutes de soleil, un câlin avec votre animal de compagnie... Et vous les noterez dans votre agenda chaque soir, de façon à renforcer et construire en vous les circuits du bonheur.

• Faites la liste de vos « j'adore » : le simple fait de les lister vous fera un bien fou, et lorsque vous aurez un coup de mou, à vous de choisir sur ce papier de quoi vous auriez envie ! Vous pouvez également ajouter des idées qui vous attirent et que vous pourriez tester.

• Commencez par sourire ! Car il a été prouvé qu'il existe un lien direct entre nos postures, expressions du visage et nos émotions : en effet, commencer par sourire génère en quelques instants une bonne humeur, et inversement... Alors, apprenez des blagues et faites le clown autant que possible ! Et faites-vous des playlists de sketchs[64] et vidéos « à rire ».

Aimer davantage

« On ne voit bien qu'avec le cœur.
L'essentiel est invisible pour les yeux. »
Antoine de Saint-Exupéry

C'est sans prétention que j'aborde cette partie : « aimer » étant la grande aventure de toute une vie... !

Je témoignerai donc très humblement à partir de mon expérience, encore une fois.

J'ai toujours entendu ma mère, d'origine sicilienne, répéter que pour les Italiens il existait un proverbe disant que « qui fait le soin, fait l'amour », signifiant qu'il peut être difficile d'aimer par exemple

64 J'en profite pour vous partager mon sketch préféré qui me fait pleurer de rire à chaque fois : « Les tuiles » de Marc Jolivet (sur https://youtu.be/z3ZR8GIzcDc).

un enfant que l'on n'aurait pas élevé. J'ai beaucoup cheminé avec cette maxime, rappelant étrangement un extrait du *Petit Prince* de Saint-Exupéry, que voici :

« Bonjour, dit le renard.

— Bonjour, répondit poliment le petit prince, qui se retourna mais ne vit rien.

— Je suis là, dit la voix, sous le pommier.

— Qui es-tu ? dit le petit prince. Tu es bien joli…

— Je suis un renard, dit le renard.

— Viens jouer avec moi, lui proposa le petit prince. Je suis tellement triste…

— Je ne puis pas jouer avec toi, dit le renard. Je ne suis pas apprivoisé. […]

— Qu'est-ce que signifie "apprivoiser" ?

— C'est une chose trop oubliée, dit le renard. Ça signifie "créer des liens"…

— Créer des liens ?

— Bien sûr, dit le renard. Tu n'es encore pour moi qu'un petit garçon tout semblable à cent mille petits garçons. Et je n'ai pas besoin de toi. Et tu n'as pas besoin de moi non plus. Je ne suis pour toi qu'un renard semblable à cent mille renards. Mais, si tu m'apprivoises, nous aurons besoin l'un de l'autre. Tu seras pour moi unique au monde. Je serai pour toi unique au monde…

— Je commence à comprendre, dit le petit prince. Il y a une fleur… je crois qu'elle m'a apprivoisé… […]

— Voici mon secret. Il est très simple : on ne voit bien qu'avec le cœur. L'essentiel est invisible pour les yeux.

— L'essentiel est invisible pour les yeux, répéta le petit prince, afin de se souvenir.

— C'est le temps que tu as perdu pour ta rose qui fait ta rose si importante. »

Mais alors, comment aimer davantage ?

J'ai découvert un jour, dans un éclair de conscience, qu'il n'existait pas « un amour pour soi » et « un amour pour l'autre », mais un seul et unique amour. Une énergie sans contour ni limite, infinie, que l'on peut accueillir et faire grandir dans sa vie, celle-ci incluant absolument tout, sans distinction.

Aimer davantage, c'est ouvrir plus grand son cœur, celui-là même que nous gardons souvent fermé pour nous protéger de nos souffrances passées. La peur maintient les grilles closes... La laisserons-nous diriger ? Ou ferons-nous le choix de la confiance et de la foi pour abaisser le pont-levis, et laisser entrer la lumière pour tisser avec la vie ?

Saviez-vous que le tout premier degré de l'amour, c'est « accepter » ?

Toute notre souffrance vient de la division :

- entre les différentes parties de nous-mêmes (par exemple une partie qui veut se reposer et une autre qui veut travailler) ;
- entre l'image illusoire que nous pouvons avoir ou espérer (de nous-mêmes, de la vie, de l'autre) et la réalité que nous découvrons ;
- entre un « moi » du passé (qui reste attaché à son histoire) et un « moi » du présent (qui souhaite s'émanciper) ;
- entre notre volonté (de guérir par exemple) et la situation actuelle (une douleur ou maladie) ;
- entre une fidélité à nous-mêmes et un attachement à l'autre (nos parents, notre conjoint...) ;
- ...

Division, division, division... alors que l'amour est unité, ensemble, tout. Accepter la situation telle qu'elle est, sans la juger, la critiquer, la disqualifier, la rejeter, la nier, c'est le premier pas de l'amour : accueillir la situation telle qu'elle est, sans pour autant être d'accord avec elle, mais reconnaître qu'elle existe bel et bien, qu'elle est là, présente. C'est changer notre « non » (fermeture dans la tête, le corps et donc le cœur) en « oui », cela existe, que je sois d'accord ou pas... Mon cœur peut alors rester ouvert et vibrer, ressentir, pulser !

Et pour faire vivre l'amour dans votre vie, vous avez cinq façons[65] de l'exprimer :

- Par les mots (je t'aime, tu es belle…).
- Par les gestes (câlins, bisous…).
- Par les cadeaux.
- Par les services.
- En offrant un temps de qualité (disponibilité).

Ainsi, pour faire grandir l'amour dans votre vie et le cultiver, usez et abusez de ces langages.

Et vous, quel est votre langage préféré ?

Pardonner

« Il est bon de pardonner aux autres :
non parce qu'ils méritent d'être pardonnés,
mais parce que, toi, tu mérites la paix. »
Sophie Magenta

Ce qui garde le plus souvent le cœur fermé, c'est la rancune et la culpabilité : en vouloir à l'autre ou à la vie, ou bien à soi-même.

Je vous invite donc à découvrir le vrai sens, ainsi que les vertus du pardon, aussi effrayant que cela puisse vous paraître !

Eh oui, généralement nous ne voulons, ou ne pouvons, nous résoudre à pardonner : soit que notre tête le refuse (ce serait être d'accord avec le « crime » dont nous avons été la victime), soit que nous ne trouvions pas en nous la force, ou même la façon de le faire…

Que signifie pour vous « pardonner » ?

65 *Cf.* le livre de Gary Chapman : *Les 5 Langages de l'amour.*

« Pardonner » signifie : ne pas tenir rigueur de la faute commise. C'est se permettre de se libérer du ressentiment inutile. C'est une façon de classer, archiver une situation périmée, pour disposer d'un nouvel espace à l'intérieur de soi. C'est de soi à soi : afin de ne plus penser au problème.

Et je vous entends déjà répondre : « Mais je ne peux pas, avec ce qu'il m'a fait, etc. »

Il faut comprendre que la rancune, comme la culpabilité, assèche notre cœur : nous fermons la grande porte mais malheureusement, la nourriture affective ne peut alors plus passer... Ça n'est pas à l'autre ou pour l'autre, ou auprès de l'autre qu'il s'agit de pardonner, mais de vous à vous, à l'intérieur de vous. C'est comme décider de lâcher, d'ouvrir le verrou.

Pardonner, c'est accepter : non pas être d'accord ou cautionner, mais reconnaître que cet événement a bien eu lieu et qu'il est passé. En pardonnant, vous faites le choix de vous libérer de votre passé, pour renouer avec plus de confiance et d'harmonie.

Pardonner peut être très difficile : j'ai moi-même expérimenté certains pardons qui m'ont pris des années avant de réellement lâcher. Je restais attaché à ma blessure, comme pour réaffirmer ma douleur, espérant qu'elle soit enfin reconnue.

Ce qui nous empêche de pardonner, ce sont les sentiments douloureux que nous entretenons et qui demandent à être exprimés et entendus, considérés et apaisés. Tant que nos émotions sous-jacentes n'ont pas été défluées, il est à mon sens impossible de pardonner vraiment.

Combien de lettres ai-je écrites, d'actes symboliques ai-je réalisés, de larmes ai-je versées, d'outils ai-je expérimentés... pour me libérer de mes boulets ? Et pourtant, cela en valait la peine, car je me sens aujourd'hui tellement mieux, tellement plus pleine de moi et riche d'amour... Bien entendu, le plus difficile fut de me pardonner à moi-même mes échecs, mes erreurs, mes défaillances, et surtout le manque d'amour que je me suis infligé pendant tant d'années... Si vous saviez comme je me suis maltraitée si souvent, combien j'ai pu être mon propre bourreau... jusqu'à enfin parvenir à m'accepter, aussi imparfaite et pourtant si merveilleusement sublime, comme je suis : une belle personne, qui possède aussi ses zones d'ombre, et qui chaque jour fait du mieux qu'elle peut, comme chacun !

Ma plus grande découverte fut la philosophie de la PNL[66]. Voici quelques-uns de ses postulats :

- La carte n'est pas le territoire : ce qu'une personne croit être le monde n'est en réalité que sa représentation personnelle du monde, et non pas la vérité. Ainsi, il existe autant de représentations de cette réalité qu'il existe d'êtres humains, et aucune n'est plus vraie ou réelle qu'une autre, communiquer demande donc plus d'acceptation et de respect.
- Derrière chaque comportement, il y a une intention positive : chacun fait le meilleur choix parmi ceux qui lui sont possibles à un moment précis, dans un contexte donné.
- Plus l'individu a de cartes dans son jeu, mieux il saura réagir : toute personne fait le meilleur choix possible compte tenu du contexte et des ressources dont elle dispose (compte tenu de ses motivations inconscientes et de ses capacités, en partie dues à ses expériences et à ses connaissances). L'objectif est de gagner plus de choix et de les rendre plus flexibles.
- L'erreur est une étape sur le chemin des apprentissages : nous avons donc la permission de commettre des erreurs et d'autre part, d'accepter les erreurs de l'autre.
- Chacun a en lui toutes les ressources nécessaires pour accomplir son objectif : à lui de reprendre du pouvoir sur sa vie, ses limites n'étant que la représentation qu'elle s'en fait, en restant prisonnière d'elle-même.
- Le comportement d'une personne n'est pas cette personne : on peut parler du comportement en le dissociant de la personne elle-même, afin que celle-ci ne se sente pas jugée. S'il est relativement facile d'aider une personne à changer son comportement, il est très difficile, voire impossible, de changer sa nature.

66 La PNL propose d'ailleurs plusieurs protocoles afin de s'apaiser. Vous les trouverez dans mon livre audio n° 4 (d'autocoaching), *Les Coachings de Sophie: Être en paix avec soi-même*, disponible en téléchargement.

Lorsque l'on a compris et intégré cela, il devient difficile de garder rancune ou de culpabiliser… car, « oui », chacun fait toujours de son mieux en fonction de son histoire et de ses capacités, de son niveau d'énergie, de sa façon de penser… Et moi aussi ! Et « non » ma façon de voir le monde n'est pas meilleure que celle de mon voisin, même si certaines cartes du monde sont plus efficaces que d'autres, par rapport à l'atteinte de certains objectifs : tolérance et humilité sont donc de rigueur. Avec soi-même aussi : le « moi » d'il y a dix ans ne possédait pas l'expérience et les connaissances que j'ai acquises depuis…

J'apprécie énormément l'auteure Lise Bourbeau, et me reste continuellement une de ses citations : « Il n'y a pas de méchant, il n'y a que des souffrants. » Considérer ainsi les choses invite à tellement plus de bienveillance.

Alors, convaincu ? Si oui, en avant pour le Grand Pardon !

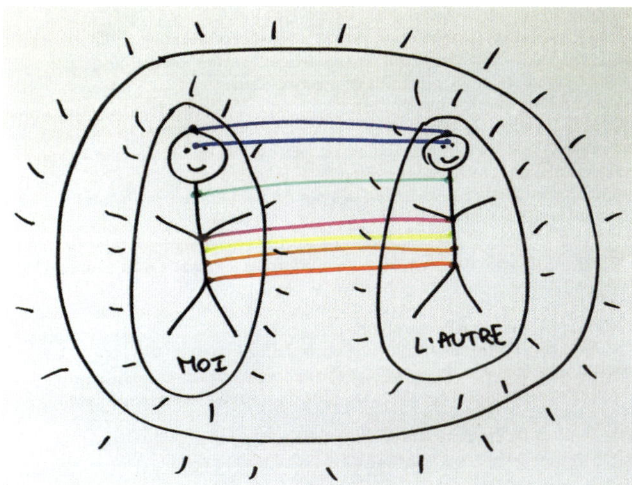

À VOUS DE JOUER

Il s'agit de la technique des « bonshommes allumettes[67] », qui a été créée par Jacques Martel, thérapeute et auteur[68].

Cet exercice est adapté dans le cas d'une relation avec une personne avec qui vous ne souhaitez plus avoir de relations.

Il est simple à utiliser, et permet de nous défaire des liens d'attachement conscients et inconscients qui polluent nos relations avec les autres, ou de quitter une situation bloquante.

C'est idéal après une rupture amoureuse en nous libérant de nos émotions négatives et en coupant les liens d'attachement toxiques qui nous empêchent d'avancer sereinement sur notre chemin.

On peut également utiliser cet outil pour une situation, un lieu, un souvenir, une personne morte, une préoccupation... à condition de partir de soi-même.

On ne peut pas le faire entre deux autres personnes.

Il suffit d'avoir une feuille, un stylo (éventuellement avec des couleurs) et une paire de ciseaux.

On commence par se dessiner soi-même sous forme de « bonhomme allumette », c'est-à-dire en dessin « d'enfant », puis on inscrit son prénom et son nom de famille en bas.

À côté de ce bonhomme, on en dessine un autre (en écrivant en dessous son prénom et son nom de famille), ou un rectangle sous lequel on écrit la situation, ou le souci matériel dont on souhaite se détacher.

---

67 Voici une petite vidéo pour vous montrer : https://youtu.be/gtyPgUdLx6c.

68 Notamment du *Grand dictionnaire des malaises et des maladies*.

Autour de chaque représentation, on dessine un cercle de lumière (comme un soleil d'enfant) pour souhaiter de belles choses à chacun, puis un grand cercle de lumière tout autour.

On relie ensuite chacun des sept chakras de notre bonhomme aux chakras de l'autre.

Enfin, avec une paire de ciseaux on découpe la feuille en deux, en séparant les deux bonshommes. Et on dit (à voix haute ou dans sa tête) : « Voilà, c'est fait ! »

Et peu importe ce que vous ferez des bouts de papier, de toute façon c'est fait !

Le pouvoir de la gratitude

« Quand tu te lèves le matin,
remercie pour la lumière du jour,
pour ta vie et ta force. Remercie pour la nourriture
et le bonheur de vivre.
Si tu ne vois pas de raison de remercier,
la faute repose en toi-même. »
Tecumseh, chef shawnee, 1768-1813

Une merveilleuse façon d'ouvrir votre cœur est de cultiver la gratitude : commencer par remercier pour toutes les merveilleuses bénédictions de votre vie. Non seulement le simple fait de vous remémorer les beaux moments vous les rappelle, et donc contribue à les ancrer en vous, mais en plus vous vibrez à cet instant de complétude, et allez donc attirer de nouvelles situations positives dans votre vie.

Pour la pratiquer, il vous suffit de dire « Merci » en conscience ! Simple comme bonjour !

Elle permet de s'ouvrir aux autres et aux occasions, au lieu de rester centré sur soi. Ainsi, nous orientons notre attention sur ce qui nous rend heureux et reconnaissants, au lieu de ne voir que ce qu'il peut nous manquer. À cet instant, nous ne sommes pas en manque, mais au contraire pleins, nourris, riches de bienfaits.

Elle permet ainsi de prendre la mesure de nos chances et nous rend plus positifs, en plus d'entretenir de meilleures relations avec notre entourage.

Il y a quelques années, lorsque mon ancien couple allait mal, mon ex-mari et moi sommes allés voir une thérapeute conjugale. Son premier conseil fut de nous montrer reconnaissants pour chaque service ou attitude positive de l'autre. C'était très étrange de mettre en place une nouvelle forme de communication, basée non plus sur les reproches, mais sur les remerciements... Même si cela n'a pas suffi pour sauver mon couple, c'est une bonne habitude que j'ai adoptée, et qui permet de faire fleurir continuellement mon couple actuel ! Cela a en plus vertu d'encouragement : plus vous remerciez l'autre, plus il a envie de vous faire plaisir !

Voici quelques bienfaits de la gratitude :

- Une meilleure résistance au stress et plus de performance (cela a été démontré avec une expérience sur des étudiants qui étaient remerciés et congratulés juste avant un examen : ceux-ci ont eu de meilleurs résultats que les autres).
- La capacité croissante de positiver les événements et d'ancrer le bonheur.
- Plus de bien-être, un meilleur sommeil et une meilleure santé.
- De meilleures relations avec les autres, avec le développement de relations plus proches avec davantage de confiance.
- Un sentiment d'utilité et de satisfaction.

Et en plus, il n'existe aucun effet secondaire ou contre-indication à ce rituel de santé !

À VOUS DE JOUER

Je vous propose plusieurs façons de muscler votre gratitude :

- Utilisez une pierre de gratitude (ramassée dans la nature), que vous glisserez chaque matin dans une de vos poches, tout en remerciant pour au moins trois belles choses de votre vie. Et le soir en vous déshabillant, vous reposerez la pierre sur votre table de chevet tout en remerciant à nouveau. La pierre vous servant de « pense-bête ».

- Créez votre rituel d'endormissement sur la base de la gratitude : plutôt que de compter les moutons, je vous propose de vous rappeler tous les bons moments de votre journée et de remercier, de ressentir profondément en vous cette chance immense d'être en vie et de jouir de tant de bienfaits. C'est d'autant plus efficace que notre dernière pensée de la veille est souvent la première du matin au réveil : vous alimenterez ainsi un cercle vertueux de positivité !

- Vous pouvez également utiliser votre agenda ou un journal de gratitude dans lequel, chaque jour, vous inscrivez minimum trois choses pour lesquelles vous êtes reconnaissant.

- À la moindre occasion, usez et abusez dans votre quotidien de ce superpouvoir, sans attendre une occasion exceptionnelle pour remercier. Une invitation à dîner ? Dégainez du SMS pour remercier vos hôtes de la charmante soirée et de leur accueil chaleureux. On vous fait un compliment ? La seule réponse est « merci » !

- Faites l'expérience, lorsque vous marchez dans la rue, de remercier mentalement pour tout ce qui est autour de vous : l'employé municipal qui ramasse les déchets, l'arbre qui offre son feuillage, le parfum de fleurs dans l'air... Vous verrez, c'est absolument jouissif !

Pendant le confinement, j'ai pu mesurer comme les attentions pouvaient être nourrissantes : que ce soit entre les voisins du lotissement, avec mes parents que j'appelais tous les jours… C'est merveilleux, combien cela a amélioré nos relations et notre bien-être !

Faire grandir sa foi et sa confiance

« Vous êtes aussi jeune que votre foi,
aussi vieux que votre doute,
aussi jeune que votre confiance en vous-même,
aussi vieux que votre peur,
aussi jeune que votre espoir,
aussi vieux que votre abattement. »
Général Douglas MacArthur

Votre principal atout est en effet votre foi en vous-même et en la vie, cette capacité à croire que vous pouvez tout accomplir. Ne dit-on pas que la foi soulève des montagnes ? Ou, qu'à cœur vaillant, rien d'impossible ?

Bien que nous ayons pour habitude de dire : « je crois ce que je vois », imaginez une seconde l'inverse… Et si c'était plutôt, « **je vois ce que je crois !** » ?

Si c'était vos croyances qui façonnaient votre réalité et rendaient possibles vos souhaits les plus chers ?

Rien ne peut vous arriver que vous n'ayez attiré, pas vos pensées conscientes, mais également inconscientes. Vous évoluez dans un monde qui n'est que le reflet des programmes que vous portez, un miroir géant qui témoigne de votre état d'esprit.

Connaissez-vous cette petite histoire ?

« Un voyageur qui arrivait à l'entrée d'un village s'adressa au paysan qui travaillait au champ :

— Bonjour mon ami, dis-moi : j'arrive ici pour m'installer, mais je voudrais savoir avant comment sont les gens de ce village. Peux-tu me renseigner ?

— Bonjour à vous. Eh bien, dites-moi avant comment étaient les gens dans l'endroit d'où vous venez ?

— Oh, ils étaient charmants et très aimables, j'ai eu beaucoup de mal à les quitter…

— Ici aussi, vous verrez que vous aurez beaucoup de plaisir, et vous trouverez bien des amis !

— Merci beaucoup pour cette bonne nouvelle, j'arrive donc le cœur léger.

L'homme continua son chemin et le paysan se remit au travail.

Un peu plus tard dans la journée, un nouveau voyageur se présenta, et demanda la même chose au paysan, qui lui répondit :

— Comment étaient les gens dans l'endroit d'où vous venez ?

— Ah, c'était horrible, ils ne faisaient que calomnier et se disputer, sans avoir aucun respect pour moi. Je suis très content d'en être parti !

— Vous n'avez pas de chance mon brave, car vous trouverez la même chose ici, je vous conseille de passer votre chemin…

— Oh mince alors, je n'ai vraiment pas de chance !

Et l'homme poursuivit sa route.

Un villageois, qui travaillait également au champ avait assisté à la scène, de même qu'un peu plus tôt il avait écouté l'échange avec le premier voyageur. S'adressant au paysan, il l'interpella :

— Mais enfin, comment peux-tu tenir deux discours opposés au sujet de la même chose ? Tu n'as plus toute ta raison !

— Oh que si ! C'est que, vois-tu, chacun trouve ce qu'il est prêt à rencontrer, car nous emportons notre monde avec nous… »

Eh oui, c'est notre regard sur le monde qui façonne celui-ci en noir ou en rose, tout dépend de l'éclairage que l'on apporte…

L'effet Pygmalion témoigne de cette idée que c'est l'observateur qui crée le résultat de l'expérience. Pour en attester, un petit jeu avait été réalisé avec des étudiants et des souris. On avait séparé les étudiants en deux groupes, indiquant au premier qu'ils allaient se voir confier un groupe de souris triées génétiquement pour leurs super performances. Au second groupe, on avait expliqué qu'ils seraient en charge de souris « lambda » (sorte de population témoin). En réalité, aucun tri n'avait été effectué sur les souris, les mélanges étant aléatoires.

Toutes les souris avaient été mises au départ d'une course dans un labyrinthe, et les étudiants devaient encourager leur groupe de souris.

À votre avis, quel groupe de souris a gagné la course ?

Les premières ! Celles soi-disant « supérieures »... certaines souris du second groupe n'ayant même pas quitté la ligne de départ ! On a conclu de cette expérience que le regard de l'observateur avait une incidence sur le résultat du test...

Eh oui, le regard confiant, ou au contraire réprobateur, va peser lourd sur notre enfant, conjoint, collaborateur... et bien entendu sur nous-mêmes !

Vous savez bien que la confiance donne des ailes, et que « **c'est parce qu'ils ne savaient pas que c'était impossible qu'ils l'ont fait** » (Marc Twain).

Alors, vous devez être le meilleur supporter de votre vie !

La foi est ce qui ouvre les portes de votre royaume intérieur, celui dans lequel vous êtes de tout temps le roi ou la reine incontestable ! Cet espace de ressources infinies, dans lequel vous pouvez à n'importe quel moment venir chercher de la force et de l'inspiration pour réenchanter votre vie...

Alors, à moi de vous poser la fameuse question : si tout était possible, que feriez-vous de votre vie aujourd'hui ?

Vous avez en vous toutes les ressources nécessaires à l'accomplissement de vos rêves. Vous avez acquis dans votre existence certaines compétences et développé des capacités : vous pouvez à tout moment en faire grandir d'autres. C'est votre pouvoir, mais aussi responsabilité car vous êtes la seule personne capable de vous rendre heureux et épanoui.

Mais de quoi parle-t-on au fond ?

La foi, c'est le feu sacré, la flamme, petite ou grande, que chacun porte en lui et qui éclaire et fait disparaître le doute. C'est la certitude, la conviction profonde que je suis apte, que je suis à la hauteur dans la situation que je traverse, car **je possède en moi tout le pouvoir de l'Univers !**

La PNL enseigne que tout est possible, que quel que soit mon objectif, si un autre l'a fait sur Terre, alors je peux le faire. Cela demandera peut-être de l'entraînement, des sacrifices, du travail... mais c'est possible !

Voici quelques conseils pour faire grandir votre confiance :

- **La valeur de l'exemple :** pensez à un objectif que vous avez et évaluez votre confiance en vous pour l'atteindre (note sur dix). Puis pensez à une chose qui était impossible *a priori* et qu'un autre a réalisée (exemple : la tour Eiffel). Puis rappelez-vous un défi de votre vie qui vous semblait impossible et que vous avez réalisé. Et enfin, rappelez-vous votre objectif actuel : à combien est votre confiance à présent ?
- **Environnement :** entourez-vous de gens bienveillants et confiants qui porteront sur vous un regard positif ! Et glissez dans votre décoration de nombreux messages subliminaux (citations inspirantes, photos d'exploits, trophées ou médailles que vous avez gagnés, etc.).
- **Posture :** tenez-vous droit, la poitrine en avant, lorsque vous êtes assis ou en marchant, tout le temps quoi ! Et adoptez un pas affirmé et plutôt rapide.
- **Faites-vous des amis :** ils vous renforceront en estime, vous apporteront du soutien et vous dynamiseront.
- **Prenez soin de vous pour être fier et sûr de vous** (hygiène, tenue vestimentaire, activité physique...).
- **Cultivez-vous :** un ami avait pour maxime : « Une journée où l'on n'a rien appris est une journée perdue ! » À vous les biographies de personnes inspirantes, les documentaires et musées, les stages et ateliers...

- **Passez à l'action :** tant que vous restez dans votre tête, vous êtes tyrannisé par votre mental. En faisant, vous prenez conscience que pas à pas vous grandissez et pouvez gagner alors en assurance.

- **Faites la liste de vos talents[69] :** ces caractéristiques positives qui vous définissent au quotidien. Vos qualités prédominantes et penchants naturels distincts qui s'incarnent dans vos façons de faire, qui vous sont propres et qui se répètent dans le plaisir.

- **Testez vos formes d'intelligence[70] :** il existe de multiples formes d'intelligence (corporelle, interpersonnelle, logique, naturaliste, intrapersonnelle, musicale, spatiale, verbale), et la bonne nouvelle, c'est que nous sommes tous intelligents !

À VOUS DE JOUER (1)

Afin de découvrir vos talents, je vous propose de faire votre tableau des mentors : vous allez réfléchir aux personnalités (réelles ou imaginaires) qui vous inspirent le plus et suscitent votre admiration. Vous en ferez un tableau pour qu'il vous renforce et vous guide.

Demandez-vous :

« Quels sont mes mentors (une dizaine) ? »

« Qu'est-ce que j'admire le plus chez eux ? » En termes de savoir-faire, mais aussi de savoir-être (talents et qualités réels ou supposés).

69 Vous pouvez tester quelles sont vos forces de caractères sur : http://www.psychomedia.qc.ca/tests/inventaire-des-forces-de-caractere.

70 Test disponible sur : https://www.guichetemplois.gc.ca/intelligence.

Eh bien, figurez-vous que ce que vous aimez chez vos mentors, vous le possédez également ! Bravo !

À VOUS DE JOUER (2)

Je vous invite à trouver votre zone de génie[71] et y faire votre nid !

Ce champ génial existe parmi vos quatre zones :

- La zone d'incompétence, qui comprend toutes les choses que vous faites, mais dans lesquelles vous n'êtes pas particulièrement bon, et que les autres font mieux que vous.
- La zone de compétence, qui inclut toutes les tâches que vous savez faire et que d'autres personnes peuvent faire aussi bien que vous.
- La zone d'excellence dans laquelle vous faites mieux que les autres, mais une partie de vous ne s'exprime pas librement et étouffe à l'intérieur (vous restez dans votre zone de confort).
- La zone de génie, qui vous permet d'exprimer vos talents uniques et d'être pleinement à votre place (état de flow), où vous pouvez vous réaliser pleinement, avec du sens à ce que vous faites et beaucoup d'énergie.

Êtes-vous prêt à découvrir et à investir cette zone exceptionnelle et unique, la vôtre, sachant qu'il vous faudra probablement quitter les sentiers battus ?

Alors gooooo !

71 Selon Gay Hendricks, psychologue, auteur et enseignant américain en développement personnel, relations et intelligence du corps, dans *The Big Leap*.

Voici les questions à vous poser pour la découvrir :

1. Qu'est-ce que j'aime le plus faire dans la vie ?
2. Que pouvais-je faire pendant des heures (sans me fatiguer) lorsque j'étais enfant ?
3. Qu'est-ce qui me fait perdre la notion du temps, et qui fait que je ne vois pas le temps passer en le faisant ?
4. Quelles sont mes capacités uniques et singulières ?
5. Qu'est-ce que je sais faire mieux que la plupart des gens autour de moi ?
6. Pour quelles raisons les gens viennent-ils à moi spontanément en général ?
7. Quelle tâche ou activité je fais dans mon travail (à l'école ou même à la maison), que je ne considère pas vraiment comme du travail, car cela est facile et plaisant pour moi ?
8. Qu'est-ce qui me donne le plus de plaisir par rapport au temps passé ? (À développer bien entendu dans votre vie.)

Maintenant que vous avez gagné en connaissance et vision de vous-même, il ne reste plus qu'à vous épouser ! C'est-à-dire à faire un avec vous-même, vous mettre en congruence entre : vos pensées, vos émotions et vos actions. Vous avez le droit, et surtout le devoir d'incarner vos talents, d'offrir votre singularité au monde !

Allez courage… c'est votre âme qui vous le demande gentiment !

« La première clé de la grandeur
est d'être en réalité ce que nous semblons être. »
Socrate

8 - CULTIVER SON ÉNERGIE POUR VIBRER PLUS HAUT

« Le secret du changement, c'est de concentrer toute votre énergie non pas à lutter contre le passé, mais à construire l'avenir. »
Socrate

Sachez que chaque pas vers votre guérison vous offrira un supplément d'énergie, ce carburant d'or qui vous mènera vers tant d'abondance et d'accomplissement… Votre plus précieux trésor, c'est cette énergie, car sans elle aucun voyage possible, aucune évolution non plus !

L'énergie est un moyen, mais elle est plus que cela : elle est aussi une fin en soi, un chemin à elle seule, puisque selon notre niveau d'énergie, notre vie nous semblera comme une montagne infranchissable et terrifiante ou, au contraire, comme un tas de pierres joyeux et coloré.

Avec votre niveau d'énergie, c'est donc votre point de vue sur le monde que vous modifiez, mais également votre santé, ou encore votre intuition et donc vos superpouvoirs !

Elle est le fruit d'un corps sain et en mouvement, d'un état d'esprit positif et se dope à la joie ; mais elle est également (réciproquement) le booster de notre physiologie, de notre mental et de notre équilibre émotionnel… L'alpha et l'oméga…

Tout comme le bonheur, l'énergie se cultive par certains rituels et outils que nous allons découvrir ensemble.

Utiliser la force du symbole (mandalas)

« L'expérience enseigne que le "cercle magique", le mandala, est l'antidote utilisé de toute antiquité dans les états d'esprit chaotiques. »
Carl Gustav Jung

Selon le très célèbre médecin psychiatre suisse Carl Gustav Jung, le mandala décrit et symbolise la totalité psychique, et participe de deux sortes de représentations :

- le mandala, qui répète et imite, avec un soin parfois religieux ;
- et celui de production de l'inconscient.

Les mandalas de représentation sont très anciens.

Ils signifient à l'origine « cercle », et même « cercle magique », dessinés beaucoup en Orient et surtout dans le bouddhisme tibétain. Leur réalisation a un effet apaisant pour l'âme, tandis que leur contemplation calme les tensions et apporte une sensation d'ordre et de sens à la vie.

Ces symboles universels de vie sont de véritables instruments d'évolution, avec un accent qui est mis sur le centre (appelé le « Bindu » : point d'abondance infini d'où tout démarre et où tout revient). Ils sont le lien entre l'homme et l'Univers, et facilitent la croissance personnelle. Ils offrent, à celui qui accepte de résonner avec eux, un état intérieur cohérent et harmonieux, une relation plus juste et équilibrée avec lui-même et l'extérieur.

Le mandala est véritablement magique, en ce qu'il invite à dépasser la dualité pour réconcilier les contraires, les opposés : il propose d'inclure plutôt que de rejeter ou exclure, permettant ainsi de cultiver en nous l'unité, et donc l'acceptation de ce qui est dans l'instant présent...

Tandis que je me formais aux massages bien-être, j'ai fait le choix d'en apprendre certains dans la pure tradition ayurvédique, dont celui des mandalas : quelle découverte fascinante... J'appris par exemple qu'une expérience avait été menée en laboratoire : on avait observé sous microscope du lait de vache, dont les cornes avaient été coupées (ce qui est très fréquent dans les élevages, afin d'éviter qu'elles ne se blessent entre elles). Celui-ci affichait une désorganisation évidente des cellules. On plaçait alors la goutte de lait sur un mandala, on observait à nouveau et là, stupéfaction, la structure s'était réorganisée et apparaissait harmonieuse... ! Je n'ai pas réalisé cette expérience personnellement avec le lait, mais j'ai eu l'occasion d'offrir le massage des mandalas à plusieurs personnes, et le résultat fut systématiquement le même : dans les 24 heures qui suivaient, la personne me disait avoir ressenti le besoin urgent de ranger, réorganiser, réagencer son logement, emploi du temps, ses relations... sa vie quoi !

En traçant sur soi un mandala, on permet le rétablissement de son ordre intérieur, de se rapprocher de son point originel (point d'équilibre) pour retrouver plus de sens et d'ordre.

Si quelque chose nous manque dans notre corps, une réorganisation est possible par l'utilisation du vecteur qu'est le mandala.

Par exemple, pour le cas d'une émotion bloquée qui risque d'entraîner une somatisation et épuise notre énergie, le mandala permet, grâce à sa recherche d'unité et d'identité :

- de dire « oui » à la vie ;
- d'accepter ce qui est là pour le laisser se transformer en énergie de vie ;
- de mettre de l'ordre en nous afin de poursuivre notre évolution.

Pour cela, il s'agit d'être dans la « non-intention », juste disponible pour se laisser chercher par cette forme magique. C'est comme si on se demandait : « Qu'a-t-il à me dire ? »

Notre cerveau rationnel ne peut le comprendre, car il est vibration : couleur, forme… et nous invite au ressourcement. Par exemple en coloriant un mandala, il est préférable de le faire de l'extérieur vers l'intérieur, si vous souhaitez favoriser votre centrage. Dans tous les cas, il concerne la globalité de votre être.

À VOUS DE JOUER 1

Et si vous utilisiez le mandala pour évoluer ?

C'est tout simple : chaque matin, tracez simplement votre mandala du jour, sans chercher à le comprendre (ce qui serait une interprétation de votre mental). C'est comme votre humeur du jour, une sorte de météo.

Il est possible que certaines fois cela vous amène à des prises de conscience. L'émotion que vous ressentirez peut vous renseigner (vous « enseigner »).

Vous pouvez le dessiner avec une ou plusieurs couleurs, avec des crayons, des feutres ou de la peinture, comme vous voulez. Laissez votre imagination et votre intuition vous guider.

À vivre comme une aventure graphique quotidienne, un moment de reliance avec votre être profond, un partage, une communion…

À VOUS DE JOUER 2

Je vous propose d'utiliser le mandala pour rétablir en vous l'harmonie lorsque votre vie vous apparaît comme chaotique.

Il s'agira dans un premier temps de dessiner sur une feuille un mandala à partir de formes simples et reproductibles.

En voici quelques-unes, par exemple, que vous pourrez marier entre elles selon votre inspiration :

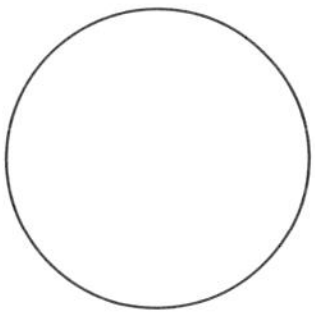

Le cercle est symbole d'harmonie, de potentialité, de confiance, de sérénité. Il représente la joie et également la protection.

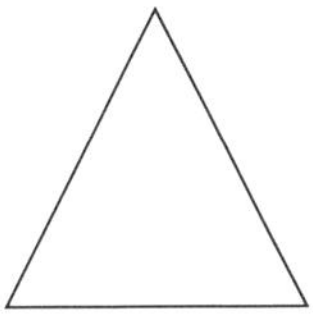

Le triangle représente le dynamisme, le changement, la détermination. Pointe en haut, il est en lien avec l'énergie yang, l'action, tandis que tête en bas il est lié au yin, le féminin, la réceptivité.

Entrelacés, ils représentent l'équilibre.

Le carré est le symbole de l'incarnation, de l'enracinement, de la sécurité et de la stabilité (terre).

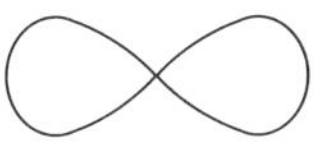

La lemniscate, ou symbole de l'infini, symbolise le passage de la dualité à l'unité.

Mais vous pouvez également utiliser des croix, cœurs, étoiles, losanges… selon votre intuition, et surtout oublier toutes les significations !

Lorsque votre mandala vous semble complet, notez l'ordre dans lequel vous avez effectué votre tracé.

Puis choisissez une zone de votre corps qui « vous appelle », pour accueillir le dessin du mandala (le ventre, la poitrine, les pieds…), sur laquelle vous allez tracer les formes dans le même ordre que sur la feuille.

Installez-vous confortablement et détendez-vous en prenant trois respirations profondes. Relâchez vos tensions et centrez-vous un instant.

Quand vous êtes prêt, vous tracerez (ou bien vous demanderez à un ami de le faire sur vous) chaque forme trois fois avec vos doigts, avant de passer à la suivante… Il s'agit d'un mouvement « terre », ce qui signifie lent et profond, que vous effectuerez en conscience, sur l'expiration. Les doigts sont à plat.

Vous pourrez utiliser un peu d'huile neutre ou une crème pour que cela glisse mieux.

Quand vous aurez terminé, restez un instant calme, présent à l'instant, disponible à ce qui est là, avant de reprendre le fil de votre journée et laisser la magie du mandala opérer…

Par exemple :

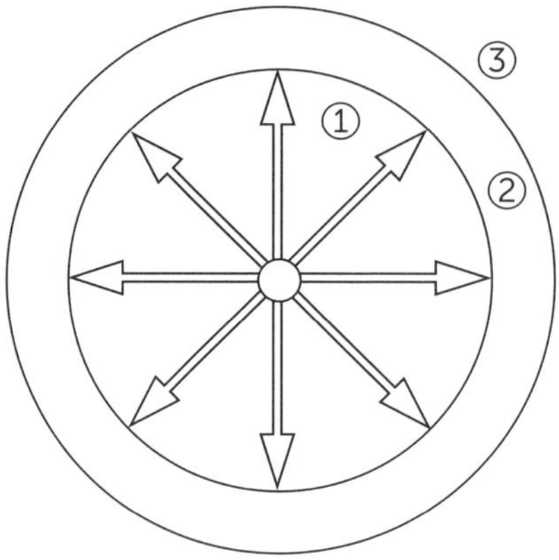

Ce mandala doit être tracé de l'intérieur (présent) vers l'extérieur (croix ciel/terre, passé/futur, ouverture sur le monde), puis petit et grand cercle.

Il permet de sortir de la stagnation, de l'impuissance, de dépasser sa peur du changement.

Choisir ses grigris

Tout est énergie, et vous avez compris à présent que chaque objet émet non seulement une onde de forme, mais déclenche également un processus intellectuel (cognitif : interprétation, transfert) et émotionnel.

Ainsi, il semble évident qu'un bijou en forme de tête de mort n'aura pas le même impact qu'un petit cœur, selon bien entendu votre représentation personnelle (votre culture, histoire personnelle, éducation, croyance…) de l'un ou de l'autre, mais également le sens commun (la tête de mort est un symbole effrayant pour la plupart des personnes et représente la mort).

Utiliser ses grigris[72], c'est une façon efficace de s'entourer de bonne énergie et se renforcer, se protéger.

Il peut s'agir :

- d'objets chargés émotionnellement pour vous (par exemple un bijou que vous avez reçu en cadeau à l'occasion d'un moment fort de votre vie, comme une naissance, un succès...) ;
- d'objets qui symbolisent une valeur forte pour vous (par exemple un pendentif qui représente la Corse, si vous avez une forte identité corse) ;
- d'objets qui ont une onde de forme particulière (le cercle, la coquille Saint-Jacques, la fleur de vie...), dont nous avons parlé pour dynamiser l'eau ;
- d'objets vibratoirement élevés (cristaux, roches...) ;
- d'objets porte-bonheur (fer à cheval, trèfle à quatre feuilles, coccinelle, le muguet, le gui, la patte de lapin, le chiffre 13, la main de Fatima, le scarabée...) ;
- d'objets que vous avez confectionnés avec des intentions particulières (bâton de pouvoir, corbeille d'abondance, collier de protection, pochon aux herbes...) ;
- et d'une façon générale, tout objet auquel vous accordez du pouvoir.

Vous pourrez utiliser vos grigris en les portant sur vous, ou comme décoration pour votre habitat, ou encore en placer dans votre voiture, sur votre bureau au travail...

Personnellement, mon bureau en est truffé et c'est ce qui fait qu'en entrant dans ma tanière je me sens complètement chez moi, protégée, dynamisée, au top !

Tous ces objets, dès lors que vous en faites vos grigris, deviennent magiques et augmentent votre puissance personnelle, en vous mettant en confiance et en libérant votre potentiel. Ils sont de véritables déclencheurs à performances.

C'est le système très connu, utilisé par tous les coachs en préparation mentale : un déclencheur (visuel, auditif ou kinesthésique)

72 Au départ : petits objets que l'on porte sur soi et qui sont destinés à conjurer le mauvais sort.

va engendrer de fabuleux résultats en activant un programme (déclenchement de ressources et émotions aidantes). Cela peut être une musique, un geste, une image... ou un grigri ! Par exemple, la fameuse chaussette de foot qui a été portée lors d'une grande victoire passée !

À VOUS DE JOUER

À vous de vous confectionner à présent un super grigri : ça peut être un objet décoratif ou un bijou (collier, ceinture...).

Dans un premier temps, je vous propose de réunir vos ingrédients : ça peut être des matériaux naturels que vous aurez ramenés de balade (coquillage, glands, pierre, plumes...), ou encore de vieux objets qui évoquent pour vous des relations ou moments forts (un morceau de tissu de votre robe de mariée, une perle de votre grand-mère adorée...), des cristaux, des symboles forts pour vous (religieux, chance, origine...), et tout ce qui peut vous inspirer et génère en vous de la puissance.

Vous allez ensuite définir une intention pour cet objet : ça peut être la protection, la guérison, l'harmonie, la guidance, etc., que vous garderez en tête tout le temps où vous serez à créer votre objet.

Plus les ingrédients seront chargés en bonne énergie, plus votre objet sera puissant. Le temps de la création est également important : vous pouvez faire cela dans la nature, avec des musiques inspirantes, à un moment particulier de la journée...

Si vous pouvez essayer d'utiliser comme échelle votre coudée (la longueur entre votre coude et votre poignet) afin de créer un objet sur-mesure, c'est encore mieux.

Par exemple : pour un collier, vous pourriez prendre comme longueur deux fois votre coudée.

Et lorsque votre objet sera terminé, il vous faudra l'activer avec une cérémonie : pour cela, vous pouvez utiliser des bougies, chants, prières, danses… La vibration de cette activation terminera de charger en bonne énergie votre grigri !

Et ensuite, utilisez-le aussi souvent que nécessaire, et amenez-le dans toutes les grandes occasions pour le recharger (et notamment les hauts lieux énergétiques).

Le chant et la vibration du son : faites du bruit !

L'énergie est vibration, tout comme le son, et donc le chant, dont les vertus sont innombrables, apportant bien-être physique et psychique :

- détente : en générant une sécrétion d'endorphine (hormone du bonheur), le chant permet de se détendre ;
- lâcher-prise : réclamant de se concentrer sur son souffle et d'exprimer ses émotions, il permet d'oublier ses tracas et d'évacuer le stress ;
- oxygénation : la respiration abdominale permet également l'oxygénation de notre organisme ;
- bon pour le moral : il apporte également un regain de joie et de confiance en soi.

Chanter fait office de massage corporel « vibratoire » : les vibrations de la voix et des cordes vocales se répandent dans tout notre corps (cerveau et colonne vertébrale inclus), ce qui offre des effets bénéfiques sur la sphère ORL, le dos…

Vous pouvez chanter ce que vous voulez (attention toutefois aux paroles de chanson qui comporteraient violence et insultes), avec une préférence pour les mantras (que nous avons déjà abordés dans ce livre), ainsi que le chant d'inspiration (c'est comme « parler en langue » mais chanté), qui utilise des sons sans paroles précises. Plus ça vibre et mieux c'est !

Je me suis offert quelques cours pour apprendre des chants traditionnels amérindiens : un « kif » énorme ! J'ai adoré, alors même que je chante faux et que c'est un exercice assez difficile pour moi au départ. J'ai ainsi appris le chant de l'Ours (« *Canto del oso* »), ou celui de l'Aigle, qui sont très vibratoires et sont capables de me recharger en énergie en quelques minutes seulement : tandis que ma voix vibre et habite tout l'espace, mon esprit se relie à celui de l'animal. C'est très puissant.

Pour ce qui est des mantras, le Om est un incontournable (comme nous l'avons déjà évoqué). Ce son Om (A – U – M) comprend tous les sons de l'Univers, et plus précisément trois sons :

- le A symbolise le commencement ;
- le U, la durée et la continuité ;
- le M représente la fin, la destruction, la mort.

Le silence qui suit le son est également primordial.

Le son Om représente le son universel et primordial, et offre de nombreux bienfaits pour le corps et l'esprit :

- il fait vibrer les cordes vocales et la cage thoracique, mais également l'intérieur du corps ;
- les poumons bénéficient de la profonde expiration qui le précède en s'ouvrant pleinement ;
- l'expiration permet de vider tout l'air des poumons, amenant un massage des organes et une purification ;
- la circulation sanguine s'intensifie dans le corps (dans les organes et tissus) ;
- les glandes endocrines sont stimulées par la vibration du Om, et diffusent les hormones dans la lymphe et les tissus ;
- il contribue à développer la concentration et invite à la joie, à la détente…

Je vous invite également à faire du bruit en utilisant le gong, une cloche, un tambourin… et de préférence le tambour ! En effet, il existe même à présent des thérapies par le tambour, qui reprennent l'approche ancestrale qui fait appel au rythme pour générer la guérison et l'expression de soi. Des chamans de Mongolie aux guérisseurs amérindiens, les techniques rythmiques thérapeutiques sont utilisées depuis des lustres pour retrouver et conserver une santé physique, mentale et spirituelle.

Les bienfaits du tambour sont les suivants :

- accélère la guérison physique et stimule le système immunitaire ;
- apporte un sentiment de bien-être et de calme ;
- favorise la créativité et la concentration...

Il m'arrive très souvent d'utiliser le tambour à la maison pour purifier les lieux ou un membre de la famille qui a besoin de relancer son énergie. C'est assez incroyable, le mieux-être que cela apporte...

À VOUS DE JOUER

L'idéal est d'utiliser un tambour (chamanique) ou un grand gong, mais vous pouvez également utiliser des chants grégoriens : l'important est que ça vibre !

Vous ouvrirez les fenêtres et jouerez du tambour dans chaque pièce en imaginant que vous êtes en train de « dépoussiérer » l'endroit de ses mauvaises énergies. Je vous invite à en profiter pour vous reconnecter à votre joie en dansant ou en faisant le fou, en poussant des cris ou en chantant, ainsi vous élevez la vibration du lieu et pourrez bénéficier en ricochet des effets positifs.

Vous effectuerez ce « nettoyage » à chaque fois que vous en ressentirez le besoin, et notamment après avoir vécu des choses un peu lourdes (disputes, tensions familiales, coup de blues...), ou accueilli chez vous des personnes qui vous semblaient « chargées ».

Les huiles essentielles, ça sent bon mais pas que...

Pendant ma formation aux massages bien être, j'ai eu l'opportunité de m'initier aux vertus de quelques huiles essentielles : quel cadeau ! Voilà maintenant plus d'une douzaine d'années que je les utilise pour de nombreuses applications, dont je peux vous partager l'expérience.

Elles ont remplacé les médicaments allopathiques pour la grande majorité des symptômes, accompagnant la guérison sans effets secondaires.

La reine de toutes étant sans conteste la rose de Damas, qui possède le taux vibratoire le plus élevé, permettant instantanément de se détendre, d'ouvrir son cœur, de s'alléger… hum… un vrai bonheur ! Tonique générale, antidépresseur, aphrodisiaque, elle harmonise en cas de problème émotionnel, d'anxiété, d'état dépressif, d'insomnie, de palpitations et apporte le lâcher-prise.

J'ai toujours près de moi un vaporisateur, dans lequel j'ai mélangé quelques gouttes de cet élixir précieux avec un mélangeur[73], puis que j'ai rempli avec de l'eau à niveau. Il suffit de l'agiter avant de le vaporiser dans l'air autour de soi ou au-dessus. C'est merveilleux la fraîcheur qu'il procure en un instant, et qu'est-ce que ça sent bon…

Je vous recommande également la sauge, dont le taux vibratoire est également très élevé et qui est très efficace, en protection notamment. Lorsque le contexte est tendu, je vous invite à porter sur vous carrément la petite bouteille, idéalement en pendentif au niveau du chakra du cœur. Cela vous permet de vous protéger des mauvaises énergies. En outre, c'est un allié précieux pour les femmes lors de leurs menstruations, avec une action similaire aux œstrogènes, elle aide à régulariser les cycles, tonifie la circulation sanguine et s'avère être diurétique, antispasmodique et antimycosique.

À placer dans votre trousse d'urgence :

- **La lavande fine** (ou lavande angustifolia) **:** anti-infectieuse et calmante, elle est idéale pour les petits maux de gorge, les otites, le stress, les brûlures, les piqûres… et les problèmes de peau.

---

73 Par exemple, « BOOSTER pour brumessentielle » (qui permet la dissolution des huiles essentielles dans l'eau), de la marque Aromandise (disponible à la Vie Claire).

En outre, elle est décontractante et favorise le sommeil, et sur le plan psychique, elle est équilibrante et aide à trouver et prendre sa place, juste en apportant l'énergie de la Terre, maternelle, enveloppante. Une ou deux gouttes suffisent dans le creux des poignets, sur la gorge ou derrière les oreilles, ou encore sur le plexus solaire. Elle peut s'utiliser pure ou diluée avec de l'huile neutre.

Une fois, alors que je gardais mon petit-neveu qui avait toujours du mal à faire la sieste, je constatai avec joie qu'il avait dormi tout l'après-midi à la maison, tandis que je lui avais appliqué le matin sa crème nourrissante contre l'eczéma en y ajoutant une petite goutte de lavande… Assez magique !

- **Le ravintsara:** antistress et antibactérien, il est idéal pour toute la sphère ORL et accompagne tout en douceur les rhumes et coups de froid. Il stimule l'immunité, aide au sommeil, à l'arthrose, à l'herpès… Décontractant naturel, il est recommandé pour les douleurs musculaires: tendinites, déchirures, il assouplit, purifie, nous apporte une force souple. Sur le plan psychique, il contribue à nous permettre de voir les choses autrement en faisant exploser le système anti-vie, qui nous avait fait croire que nous étions nuls, par exemple. Il fait circuler l'énergie positive en nous.

Vous pouvez utiliser juste une ou deux gouttes dans le creux des poignets, sur la gorge ou derrière les oreilles, sur le plexus solaire ou sur la zone contractée. Il peut s'utiliser pur ou dilué avec de l'huile neutre (pour couvrir une zone plus large).

- **Le basilic :** huile sacrée qui apporte beauté et protection, elle s'utilise (une ou deux gouttes mélangées à de l'huile neutre) surtout de l'estomac jusqu'en haut de la poitrine (boule dans la gorge) et permet d'aider à la digestion pour tous les maux de ventre : aérophagie, brûlure d'estomac, mal des transports (quelques gouttes sur un mouchoir à respirer), antispasmodique, extinction de voix, crise de hoquet…

D'un point de vue psychologique, elle nous aide à apaiser notre relation au temps (quand on a plein de choses à faire), à mieux exprimer notre colère (trop ou pas du tout) et aide à débloquer les non-dits.

- **La menthe poivrée :** cette huile apporte son soutien pour les problèmes digestifs, les indigestions, la nausée… Stimulante, elle est très efficace contre la migraine, les céphalées :

appliquez une seule goutte sur les tempes ou à l'arrière de la base du crâne. Elle fait circuler en cas de jambes lourdes : une goutte maximum avec de l'huile ou de la crème (ou dans de l'eau froide) par jambe. Si elle soulage, elle ne travaille néanmoins pas le terrain.

Et sous l'angle psychologique, elle aide à dissiper la haine, les crises d'hystérie, la peur de perdre le contrôle de soi.

- **Le tea tree :** cette huile tonique est idéale pour les boutons de fièvre, les problèmes ORL, les microbes… Antifongique, anti-inflammatoire et anti-infectieuse, elle aide à la cicatrisation, à la frilosité. Elle équilibre et tonifie. Elle s'utilise également pour les hémorroïdes (fesses dans l'eau froide avec une ou deux gouttes diluées et une goutte de cyprès), les aphtes et travaille notre immunité. Elle est idéale en hiver et s'utilise de préférence le matin (à éviter le soir).

Sur le plan psychologique, elle permet de lutter contre le harcèlement moral, le sentiment d'injustice (lorsqu'une grosse colère ne peut pas s'exprimer) face à une agression extérieure.

Cette petite liste est pour le « minimum » : celle que j'emporte avec moi en voyage, mais je vous conseille en complément les huiles suivantes :

- **Détente :** benjoin (huile sacrée qui nourrit sur le plan affectif), l'estragon (pour développer sa confiance), l'ylang-ylang (pour la libido, débloque le premier chakra et les vieilles colères et fait circuler l'énergie vers le haut).
- **Digestives :** petitgrain bigarade (réveille la joie, apporte de la légèreté), romarin (diluée avec huile neutre pour évacuer les choses non digérées, la colère), camomille romaine (calme l'angoisse et fait revenir dans le corps, accompagne les terreurs, les traumatismes : une goutte sur plexus ou poignets).
- **Toniques :** épinette noire (recharge comme une batterie et nettoie le transgénérationnel), laurier noble (aide à la concentration et à trouver des solutions), sapin baumier (contre le refroidissement, il apporte un effet d'ouverture, aide à s'adapter au changement), eucalyptus (antiviral, aide à développer sa confiance et apporte le lâcher-prise).

À VOUS DE JOUER

Je vous propose de vous faire quelques petites bouteilles (verre teinté) de mélanges selon vos besoins (vous y ajouterez une huile neutre : macadamia, coco, jojoba ou tournesol, au moment d'utiliser votre mélange pour un massage) :

- Antistress : 15 gtte lavande + 15 gtte ylang-ylang + 10 gtte basilic.

- Tonique : 10 gtte ravintsara + 10 gtte épinette noire + 5 gtte tea tree + 5 gtte sapin baumier + 5 gtte eucalyptus.

Pour le dos, les pieds et les jambes (éviter le ventre).

- Relaxant : 15 gtte bergamote + 15 gtte lavande, + 10 gtte fragonia (avec une huile de sésame ou macadamia).

- Décontractant : 20 gtte ravintsara + 15 gtte estragon (avec une huile de millepertuis).

- Zen : 15 gtte lavande, 15 gtte ylang-ylang, 5 gtte petit-grain bigarade (avec une huile de sésame ou macadamia).

- Tonifiant : 10 gtte laurier + 20 gtte épinette noire + 20 gtte ravintsara.

Vous prendrez soin d'utiliser les proportions suivantes en ne mélangeant pas plus de cinq ou six huiles différentes :

Pour 10 ml d'huile neutre, vous ajouterez :

- visage : 1 à 2 gouttes d'huiles essentielles ;
- corps : 6 à 8 gouttes d'huiles essentielles.

Dans un bain chaud : maximum 10 gouttes d'huiles essentielles mélangées à du gros sel (pour favoriser la dilution), puis jetez dans l'eau (sauf la menthe poivrée qui peut être dangereuse avec de l'eau chaude).

Si vous êtes à plat, un exercice simple peut être de mélanger quelques gouttes de tea tree avec de l'huile neutre, de vous placer à genoux et de frotter vos reins fortement en friction avec le mélange.

Se recharger avec les éléments

Se pourrait-il que l'homme ne soit qu'une antenne, un lien entre Terre Mère et Père Ciel, permettant à l'un et l'autre de se féconder, de mêler leur énergie à travers le vivant que nous sommes ?

C'est frappant de considérer le fonctionnement d'un arbre qui puise dans la terre l'eau et les minéraux grâce à ses racines, utilise la lumière du soleil au niveau de ses feuilles (la canopée) avec la photosynthèse pour produire du glucose, et fait circuler sa sève par son tronc, mêlant les richesses du sol à celles du ciel, comme un heureux mariage qui féconderait la vie…

Ma conviction profonde est que nous sommes tous comme l'arbre, c'est l'arbre de vie qui nous questionne sur le sens profond de notre existence :

- **Mes racines :** comment suis-je en capacité ou non de planter profondément mes racines (de me relier à mes ancêtres aussi) et de prendre ainsi ma place (dans ma lignée mais aussi parmi les autres vivants) ? Vais-je oser m'émanciper, affirmer mon sexe, me détacher des vieilles croyances toxiques ou devenues trop petites pour moi, et trouver ma propre voie ? Comment vais-je m'autoriser à quitter mon clan pour adopter une pensée libre et m'élever dans le sens de « qui je suis » au cœur de mon être ?

  Dans mes racines se trouve ma partie cachée, en gestation, ce que je peux décider de garder secret et que je féconderai plus tard, comme de nouvelles graines.

  Lorsque je suis bien présente, enracinée, alors je sens en moi la paix, je sens l'énergie qui descend, je sens mon utérus très vivant, en appétit, je sens mon désir de femme, je me sens libre !

- **Mon tronc :** lorsque l'œuf éclôt, alors apparaît la vie qu'il portait. À elle à présent de s'envoler, de s'élever jusqu'au ciel ! Mon tronc, symbole de force et de protection, monte vers le ciel tandis que l'essence divine coule en moi. Comment suis-je capable de m'élever vers la lumière ? De me protéger ? De m'affirmer et m'affermir : prendre des décisions et de m'y tenir ? Comment suis-je capable de m'accepter aussi entre mes parties émergées et dans la lumière (la canopée qui pourrait aussi représenter la joie, les qualités, les bons côtés), et celles qui demeurent dans l'ombre sous la terre (mes faiblesses, ma vulnérabilité, mes défauts, la tristesse que je peux garder au fond de moi...) ? Comment chaque matin, à partir de ma source profonde, puis-je revenir à l'origine, à la source pour faire jaillir la vie ? Suis-je capable de me relier à mon intérieur, vivre en moi l'alliance avec le corps ?

Dans mon tronc personnel, ce fut un bel apprentissage le jour où, avec humilité, je découvris qu'il s'agissait d'écouter et de ressentir les émotions dans mon corps quand la douleur surgissait... Je compris qu'il ne s'agissait pas de ne vivre que de joie, mais enfin d'accueillir l'autre face de la pièce : la tristesse aussi ! Alors dans cette acceptation, dans ce lien vivant, la sève circule librement et tout va bien, en paix...

- **Ma canopée :** c'est dans ce lien aux autres, au monde extérieur que j'incarne ma vérité, mon essence. C'est à ce niveau que je peux donner des feuilles, des fleurs et des fruits. C'est le lieu pour moi de la matérialisation de mes rêves : et lorsque le fruit est bien mûr grâce aux rayons du soleil, alors il tombe naturellement de l'arbre. Je ne dois pas le retenir ou le presser de se dépêcher : à cet endroit je réalise que je vis au rythme des saisons, que ma vie est soumise à des cycles de naissance, vie, mort et renaissance. Je peux me demander : Comment suis-je capable de suivre ces cycles ? Comment je célèbre la vie ? Comment j'accepte aussi de laisser mourir pour renaître ? Comment j'accepte de recevoir les bienfaits ?

Ainsi, pour être en bonne santé et recevoir de merveilleux fruits, il faut bien faire circuler la sève entre les racines et les branches, être assez humble pour accepter ce qui est, et oser faire jaillir la vie avec votre essence divine !

À vous de danser et chanter cet arbre de vie que vous êtes !

Voici une demande magique qui vous permettra de vous recharger en bonne énergie (à prononcer à voix haute ou mentalement, idéalement pieds nus sur la terre) :

« Je demande à l'énergie tellurique et cosmique de me recharger maintenant. »

Prenez une respiration profonde et sentez le bien-être qui vous envahit… un délice !

Vous pouvez également vous « nettoyer » en demandant :

« Merci, Terre Mère, d'absorber tout mon stress (ou votre problème : colère, chagrin…), de le renvoyer au soleil pour qu'il soit transmuté en pure lumière, et de me renvoyer la même quantité d'énergie neutre maintenant. »

Ainsi, vous remplacez votre énergie négative et vous vous sentez mieux !

De façon plus fine, je vous invite à présent à activer en vous les quatre éléments, puisque nous en sommes tous composés.

Pour ce faire, voici un extrait de mon roman *WOW, la plume de l'aigle d'or* :

« Et la première chose à comprendre, c'est l'importance des quatre éléments. Tu les connais ?

— Heu, oui je crois, l'air, le feu, l'eau et la terre. J'ai appris les massages ayurvédiques[74] et au passage les cinq éléments, avec l'éther en plus : au départ il n'y avait rien, ce rien qui portait pourtant le tout, l'éther justement, qui est devenu l'air, qui avec la friction est devenu feu, qui par condensation est devenu eau, pour finalement féconder la terre…

Je ne savais jamais si je devais lui faire des réponses brèves ou plus longues, toujours cette difficulté de communication entre nous. Il fallait que je parvienne à me positionner en adulte, mais il m'impressionnait tellement…

— C'est tout à fait ça, et pour les peuples indigènes et les chamans, il est important de célébrer et rendre hommage à ces énergies qui sont la base même de la vie. Nous-mêmes sommes faits à l'intérieur de nous de ces éléments : nos os pourraient être la terre, notre sang l'eau, nos pensées l'air, et la digestion le feu. Chaque élément possède des caractéristiques qui lui sont propres.

74 L'ayurvéda est la science de vie indienne qui définit la façon de vivre, l'alimentation, les activités, les massages [...] pour être en bonne santé, selon sa constitution (de quelle énergie nous sommes faits : Vata, Pitta, Kapha).

— Oui, je comprends très bien ça, mais comment fait-on pour les célébrer ?

— C'est ce que nous allons faire ensemble maintenant. Nous allons commencer par l'eau. Viens près de moi, enlève tes chaussures et mets-toi les pieds dans l'eau.

Je m'exécutai.

— Tu vas prendre de l'eau dans tes mains et nous allons la passer sur notre visage, mais tu pourrais aussi bien la boire.

Il emplit ses mains, puis enchaîna :

— Esprit de l'Eau, toi qui soignes et renouvelles, je te célèbre et te remercie pour tes bénédictions. Toi qui actives en moi le courant vital et nous offres l'équilibre émotionnel, toi qui nous purifies et nous guéris, qui nous revitalises, je te rends hommage, Esprit de l'Eau.

Puis il s'inonda à plusieurs reprises le visage, avec cette eau d'or qui ruisselait maintenant sur son beau visage. Le soleil illuminait l'étang comme autant de diamants. Quelle beauté…

— À toi, maintenant.

Je pris l'eau dans mes mains puis prononçai à ma façon l'hommage :

— Merci Esprit de l'Eau de me nettoyer, de me purifier, de faire circuler la vie en moi, de me régénérer. Merciii !

Et, espiègle, je m'aspergeai à plusieurs reprises le visage.

— Ça me rappelle les ablutions que font les Indiens sur le Gange le matin.

— Oui, il doit y avoir de cela. Comment te sens-tu ?

— C'est vivifiant, et d'ailleurs à la maison c'est toujours la première chose que je fais le matin, simplement j'oubliais de remercier !

— Nous allons passer au feu. J'ai pris une bougie, dit-il avant de l'allumer. Regarde un moment la flamme, à sa base, jusqu'à ressentir son énergie. Le feu est vivant. Tu dois savoir que le feu sacré nous met en relation avec le Grand Esprit, et aussi avec les ancêtres.

Quelques secondes après, il poursuivit :

— Esprit du Feu, je te célèbre et te remercie pour la purification que tu m'offres, la transformation, la vitalité et la force que tu me donnes, ajouta-t-il tout en plaçant sa main au-dessus de la flamme, de plus en plus près jusqu'à la retirer, à la limite de la brûlure.

Puis il m'invita à en faire autant.

— Merci Esprit du Feu pour habiter si souvent mon cœur, pour cette passion que tu m'offres, pour ta chaleur, pour ta purification. Je te rends hommage.

J'ôtai brusquement ma main de la flamme, ne sachant pas bien gérer l'approche progressive. Ma peur de me faire mal avait précédé la douleur.

— Approche de nouveau ta main doucement de la flamme, me demanda-t-il tout en prenant ma main pour me guider.

La sienne était douce et chaude et mon cœur grimpa de quelques degrés...

J'approchai ma main plus lentement, jusqu'à sentir le chaud dans le creux, jusqu'à me laisser pénétrer par l'Esprit du Feu, c'était très agréable et rassurant, jusqu'au moment limite où je la retirai rapidement.

— Hum...

Je poussai un soupir, soupir de bonheur, de félicité, de soulagement, je ne sus pas vraiment...

— Nous allons célébrer l'Esprit de l'Air, maintenant. Cet air que nos plus lointains ancêtres respiraient en leur temps, ces atomes d'argon qui ont été inhalés par des habitants de l'autre bout de la planète. Cet air, nous le partageons avec tout ce qui vit sur cette terre... Tu vas te relever et te tenir bien droite comme moi, immobile, tu vas prendre une grande respiration, et ce faisant, écoute bien, car il n'est pas rare qu'un message te soit délivré au passage...

J'exécutai la consigne, tout en prêtant l'oreille au message que l'Esprit de l'Air m'adressait et j'entendis : "Ici et maintenant, c'est là qu'est la vie, à travers tes sens, dans cet instant." Wouahou, j'avais vraiment reçu mon premier message du vent, c'était très beau et si vrai… !

— Maintenant, lève les bras comme moi : Esprit de l'Air, je te célèbre, toi qui portes la liberté, la communication, et qui nous permets de voir les choses d'en haut, d'une tout autre perspective.

Il prit une grande inspiration par le nez, qu'il souffla ensuite de façon audible par la bouche, comme pour accentuer son souffle, avant de me faire signe que c'était à moi.

— Merci, Esprit du Vent, pour toute la légèreté que tu m'offres, pour la circulation, le lâcher-prise, la fraîcheur et l'évasion. Je te salue, Esprit du Vent !

— Très bien, et maintenant une grande respiration en conscience, les yeux fermés.

Et j'inspirai à en faire éclater mes poumons, comme si c'était la première fois, comme une renaissance à la vie ! Je me sentais prête à escalader une montagne !

— Il nous reste à honorer l'Esprit de la Terre, qu'on a coutume d'appeler Grand-Mère Terre car elle nous porte, nous nourrit comme une source fécondante.

Il se mit à quatre pattes, les mains dans la terre, avant de continuer :

— Mets-toi comme moi et prends le temps de respirer l'odeur de la terre, ferme les yeux et imagine que tes mains ont des racines qui poussent à quelques centimètres et s'enfoncent de plus en plus profondément : à quelques mètres, dizaines de mètres, jusqu'à arriver très loin à quelques centaines de mètres ; à l'expire tes racines s'enfoncent encore plus profondément, et à l'inspire tu te recharges de l'énergie de la terre, comme la sève de l'arbre qui remonte dans tout ton corps…

Puis il continua, front au sol :

— Esprit de la Terre, je te rends hommage pour tes qualités de stabilité, d'enracinement, de sagesse, de guérison. Merci Mère Terre, d'être si bonne pour nous.

— Merci, Esprit de la Terre, pour me nourrir, me porter, me guérir, m'enseigner. Je t'honore, Mère Terre.

Et je baisai le sol pour mettre en acte mes mots pleins de gratitude. Je me sentais pleine, bien ancrée dans la terre, l'esprit léger, présente au moment, en grande vie ! Et comme pour rendre un peu à celui qui m'avait appris :

— Oh, merci Kachana, c'est magique, ce rituel. Je me sens tellement bien, pour la première fois je me sens remplie, et ça répond justement au message que l'Esprit du Vent m'a porté tout à l'heure : être présente au moment !

— Je suis heureux que ce temps t'ait été utile. Nous allons maintenant prendre la route. »

Et à vous de démarrer plein de vigueur votre journée !

Choisir ses lieux et relations

Il est important de se rappeler que l'énergie s'actualise de l'information, et l'information est partout ! C'est-à-dire que l'endroit où vous vous trouvez, mais aussi les gens que vous fréquentez vont avoir une influence sur votre niveau et la qualité de votre énergie.

Ne dit-on pas que l'on ressemble aux cinq personnes que l'on fréquente le plus ?

Le chaman dont je suis l'apprentie a coutume de dire : moins de tablette et plus de nature !

Oui, bien entendu, le meilleur endroit pour vous est la nature : si possible un endroit bien au vert, une marche en forêt, un bain dans un ruisseau, l'air de la mer… autant d'endroits qui vous font sentir vivant !

Si vous êtes citadin, une église pourra très bien vous permettre également de faire le plein. En effet, celles-ci sont construites sur des lignes de force tellurique, des champs sacrés, qui vibrent haut. J'ai eu l'occasion de visiter la basilique Notre-Dame de Fourvière avec un géobiologue : c'était absolument passionnant de découvrir que toute l'architecture de l'édifice est orientée pour permettre aux visiteurs une purification et une régénération du corps. C'est pratiquement un parcours de santé !

On appelle cela un haut lieu vibratoire[75] : c'est-à-dire un lieu sur lequel il est possible de capter de fortes énergies du cosmos et de la Terre (ou haut lieu vibratoire cosmo-tellurique). Sur ce type de lieux, l'énergie a une vibration particulièrement élevée, ce qui peut être ressenti physiquement par les personnes qui s'y rendent. En effet, à ces endroits, l'énergie amplifie la taille de nos corps subtils, donc la taille de notre aura.

En plus de l'emplacement du lieu (les réseaux telluriques en dessous), il y a l'intervention humaine : les rituels qui se sont déroulés dans ces églises, les prières et autres activités d'élévation spirituelle.

De plus, les hauts lieux sacrés comme les églises, chapelles, temples, mosquées… n'ont pas été construits n'importe comment, ni n'importe où. Leur architecture est en général sacrée, elle comporte le rapport 1,618 ou le nombre d'or qui capte, harmonise et diffuse de très bonnes vibrations.

Ces lieux peuvent être pour vous comme une cure de jouvence, et cela peut même contribuer à une guérison (Lourdes étant le meilleur). Le simple fait de vous y rendre et de les visiter en conscience, vous permettra d'augmenter votre taux vibratoire et donc, votre santé.

L'endroit le plus fort qu'il m'ait été donné de visiter fut la basilique Saint-Pierre de Rome : dans mon ventre c'était vivant, comme habité. J'aurais pu y rester des heures… Comme récemment encore, dans la cité d'Aigues-Mortes…

Mais plus simplement pour moi, une marche nu-pieds sur le bord de mer ou pénétrer une forêt en santé sont à chaque fois des expériences tellement vivifiantes ! La clé est vraiment de vous y rendre en conscience : c'est-à-dire en silence, à l'écoute de vos ressentis, des intuitions ou messages que vous pourriez recevoir, dans la gratitude et le cœur ouvert.

---

75 Pour en savoir plus et découvrir quelques lieux en France, rendez-vous sur : https://www.lesfeesdelaconscience.com/les-hauts-lieux-vibratoire-comment-sy-rendre/.

S'il s'agit d'une forêt, je vous invite à prendre un temps d'arrêt à son entrée, de faire une petite offrande (comme une pincée de tabac) et de remercier l'esprit du lieu pour son accueil : vous pouvez lui demander de vous guider, de vous protéger, de vous guérir... et la promenade devient alors enchantée !

À vous d'utiliser votre « sonar » personnel pour choisir les bons endroits, et quitter les mauvais ! Il m'arrive très souvent de partir d'un restaurant sitôt entrée, car je ne m'y sens pas bien, et à l'inverse de me sentir nourrie avant même d'avoir mangé si le cadre me plaît.

Bien entendu, l'endroit le plus important est votre lieu de vie : choisissez-le en conscience, et si vous y êtes bien, alors peut-être que vous pouvez encore l'améliorer pour élever sa vibration, c'est notamment tout l'enjeu du feng shui, avec la présence des différents éléments (air, feu, terre, eau), l'harmonie des couleurs et la disposition du mobilier...

Comme nous l'avons déjà vu, pensez à purifier régulièrement avec la sauge ou du palo santo, et aérez souvent. Utilisez également des encens.

Lorsque le soleil décline à l'extérieur et que la température baisse, pensez à installer un feu intérieur (idéalement avec votre cheminée, sinon avec des bougies à la cire d'abeille).

Écoutez chez vous des musiques qui parlent à votre âme (plutôt musique classique ou mantras chantés) et dansez, riez aussi : plus vous remplirez une maison de joie et de bonne humeur, plus la vibration augmentera.

Vous pouvez également utiliser des cristaux comme le quartz (qui donne de l'énergie), l'améthyste (qui transforme les énergies), la tourmaline noire (qui protège des ondes électromagnétiques) ou encore la labradorite (qui protège des énergies négatives).

Faites pousser des plantes qui, en plus de purifier l'air et de rendre l'endroit accueillant, raviveront l'énergie de votre maison. Certaines ont même un effet dépolluant comme le palmier d'intérieur, le ficus, le lierre ou encore l'azalée...

Voici une petite liste de plantes que vous pourriez accueillir dans votre « *home sweet home* » :

- **La sauge :** calme la colère, apaise la peur et peut améliorer le flux d'énergies positives dans votre maison.
- **Le romarin :** peut nettoyer les énergies négatives de votre maison et offre d'excellents résultats lorsqu'il est employé contre la fatigue ou l'insomnie.
- **Le basilic sacré :** possède de nombreuses vertus thérapeutiques (antibactériennes et anti-inflammatoires).
- **Le lys de la paix :** apporte bien-être physique et spirituel et purifie l'air.
- **L'aloé véra :** dégage une très bonne énergie positive.
- **Le jasmin :** améliore l'énergie autour de vous et apaise les esprits agités.
- **Le crassula :** réduit le stress et les idées négatives et pourrait apporter la fortune.
- **L'orchidée :** améliore la circulation énergétique de la pièce.
- **Le lierre anglais :** permet de détourner les énergies négatives de votre endroit.
- **Le chrysanthème :** symbole de longévité, il permet de purifier l'air et apporte sérénité.
- **Le thym :** chasse les ondes négatives, purifie et pacifie.
- **Le bambou de la chance :** symbole de bonne fortune.

Le plus important est que votre « chez-vous » vous ressemble et que vous vous y sentiez bien : il doit vous ressourcer et vous devez vous y sentir en repos et en sécurité. Ce qui passe également par éviter de trop charger les pièces, car vous ne pouvez éviter à votre cerveau de s'arrêter sur chaque objet et d'effectuer ce que l'on appelle des « transferts » et « contre-transferts », qui l'épuisent et déclenchent nombre d'émotions.

Votre intérieur est votre tanière secrète, comme chaque super-héros en possède une : un lieu de régénération, de calme, d'inspiration et de départ pour de nouvelles aventures !

Vous pouvez le décorer avec des symboles qui vous font vibrer de joie, de plaisir et qui augmentent ainsi votre vibration. Par exemple, pour les adolescents ce sont des stars de la chanson ou du cinéma, et pour vous quels sont les personnes, lieux, évocations qui vous donnent envie de vous dépasser, ou qui vous apaisent ?

Dans les symboles classiques, il y a par exemple l'étoile à cinq branches, l'étoile à six branches, la fleur de vie, Bouddha, votre animal totem...

Choisissez avec soin les couleurs de votre décoration qui sont des vibrations[76], car notre corps ne réagit pas également aux différentes longueurs d'onde, et il semble que celles-ci influencent notre ressenti. Certaines couleurs sont ainsi plus « relaxantes » (comme le bleu et le vert), quand d'autres sont énergisantes (comme l'orange et le jaune).

Voyons cela plus en détail :

- **Le NOIR :** il évoque le mystère, la rigueur, mais aussi la distinction, l'élégance, le raffinement et le luxe.
- **Le BLANC :** il suggère la pureté, la propreté et la perfection, et apporte brillance et éclat. Il représente l'innocence et la virginité.
- **Le BLEU** (couleur du chakra de la gorge pour le clair et du troisième œil pour le foncé) : couleur la plus aimée dans le monde, elle évoque le ciel, l'eau, la mer, l'espace, l'air et les voyages. Dans les tons foncés, il dégage la vérité, la confiance, la loyauté, l'intelligence et la sécurité. Dans les tons plus clairs, il est associé à des idées de merveilleux, de liberté, de rêve et de jeunesse.
- **Le ROUGE** (couleur du chakra racine) : couleur chaude et saillante, il est symbole d'amour, de chaleur, de sensualité et de passion. Il apporte une sensation de chaleur. C'est la couleur la plus puissante, la plus dynamique et avec le plus fort potentiel d'action.
- **Le JAUNE** (couleur du chakra du plexus solaire) : donne une impression de chaleur et de lumière. C'est la couleur de la bonne humeur et de la joie de vivre, de l'ouverture. Il symbolise la logique, le pouvoir personnel et l'humour.

---

76 Notre œil perçoit les rayons lumineux, dont la longueur d'onde varie entre 400 et 700 nm et les transforme en ce que nous appelons une couleur.

- **Le VERT** (couleur du chakra du cœur) : couleur de l'espérance, il est le porteur de la chance. Il invite au calme et au repos. Il symbolise la nature, la croissance, la santé et la fraîcheur, et représente la stabilité et l'équilibre.

- **Le VIOLET** (couleur du chakra coronal) : il suggère la spiritualité, la délicatesse, la douceur, le rêve, la magie, l'imaginaire et invite à la sérénité. Il est souvent lié à la prospérité et à la noblesse.

- **L'ORANGE** (couleur du chakra sacré) : dynamisant, vitalisant, il apporte l'énergie et l'action, la force et l'endurance en évoquant le soleil, la chaleur, le feu, la lumière et l'automne. Il induit la communication, la créativité et transmet de la joie, du plaisir et de l'optimisme.

- **Le ROSE** (également couleur du chakra du cœur) : synonyme de tendresse, douceur, bonheur, romantisme, féminité et compassion. On l'associe aussi à l'enfance.

- **Le TURQUOISE :** apporte un sentiment de pureté, de fluidité. Rafraîchissant et thérapeutique, il évoque la régénérescence, l'évolution et la transformation.

- **Le BRUN :** plutôt masculin, il rappelle la terre, le bois, le confort, et évoque l'aspect brut et le naturel.

- **L'OR :** synonyme de puissance, de prestige, de richesse, de luxe et de tradition, il parle de fécondité.

À vous de bien user de la palette pour confectionner un décor qui réponde à vos besoins, et selon les pièces à leur fonction.

Enfin, l'ordre et la propreté sont bien sûr importants pour que l'énergie circule bien dans votre maison. Ainsi, renouez avec le grand ménage de printemps et pensez à régulièrement trier et jeter (ou donner) ce qui n'est plus d'actualité. Évitez les objets cassés ou périmés. Et pourquoi ne pas vous confectionner un petit endroit pour célébrer la saison du moment, comme on le fait généralement pour Noël ? Cela vous permettra d'être davantage en contact avec les énergies environnantes (*cf.* la roue médecine).

Pour ce qui est de vos relations, je vous invite à en faire le bilan pour favoriser au maximum les temps nourrissants, c'est-à-dire ceux que vous partagez avec des personnes qui vous font du bien !

Bien sûr, me rétorquerez-vous, que pour certaines vous n'avez pas le choix, qu'il s'agisse de votre belle-mère jacassante ou de votre patron râleur : qu'importe. Faites en sorte de réduire autant que possible (dans la fréquence et la durée) ces échanges toxiques pour vous, et si possible d'être suffisamment haut en énergie lors des rencontres, bien ancré, vos portes énergétiques fermées (imaginez par exemple que vous êtes dans une bulle de cristal protectrice et que plus rien ne peut vous atteindre), et restez vigilant pour ne pas vous faire embarquer sur une pente trop savonneuse (ne partagez pas d'informations intimes et n'ayez aucune intention pour l'autre, y compris de le changer, car cela ouvre vos portes énergétiques). Restez centré sur vous, et respirez calmement, courage, ça va passer !

Eh oui, je sais que lorsque l'on se met à évoluer, à s'élever, on commence par se sentir seul… J'en ai fait si souvent l'expérience dans ma vie… Il vous faudra du courage, mais il est important de reconstituer si besoin votre cercle d'amis : la bienveillance, l'humour, la gentillesse, la confiance, l'élan… devraient être vos nouveaux critères de sélection, car la vie est trop courte pour s'embêter avec des « chieurs raz moquette », non ?

La meilleure façon que j'ai trouvée pour m'entourer de personnes audacieuses fut de créer un programme annuel d'accompagnement au développement et à la transformation personnelle : je l'ai baptisé le « Club des Filles du Vent ❀[77] ». Et ainsi, j'anime plusieurs fois par mois des petits groupes de femmes qui ont envie d'avancer sur leur chemin, en partageant sur des thèmes aussi variés que l'amour, l'intuition, le lâcher-prise, la communication, le bonheur… C'est un régal pour nous de nous retrouver et de vibrer positif au rythme des saisons !

À vous de trouver votre solution pour bien vous entourer, et peut-être de rejoindre un de mes clubs, je vous y réserverai le meilleur accueil !

77 À découvrir sur mon site : www.labohemienne.fr.

Le nettoyage énergétique (pour se dégager d'énergies déstructurantes)

Une des choses les plus insidieuses qui soient est l'énergie négative, qui s'accroche à votre structure énergétique pour en pomper le jus… Vous pouvez appeler cela des sidérations, entités, énergies négatives, larves, etc.

La première fois que j'ai entendu parler de cela, je n'en croyais pas mes oreilles, tant cela me faisait penser à certains films d'horreur que je n'avais jamais pu regarder jusqu'à la fin !

Et pourtant, mon expérience m'a montré que cela existe et que l'on est significativement mieux, sans aucun doute, lorsque l'on est « indemne » de toute énergie négative accrochée à soi.

Comprenez bien que vous êtes comme un circuit électrique prévu pour alimenter une seule ampoule (vous). Si d'autres ampoules viennent se greffer au circuit, vous aurez forcément moins de jus et vous vous sentirez légèrement (ou bien plus) fatigué, angoissé, irrité…

À VOUS DE JOUER

Les objectifs sont les suivants :

- Se purifier, se libérer d'énergies déstructurantes.
- Élever son niveau d'énergie, prendre soin de soi.
- Se protéger.

Vous pouvez utiliser cette technique pour vous-même ou un lieu.

Vous ferez appel à des produits de purification en fumigation, comme la sauge blanche par exemple, et/ou solliciterez vos guides, anges, alliés… en leur demandant de bien vouloir vous nettoyer de toute énergie négative accrochée à votre structure énergétique (ou celle du lieu).

Enfin, vous demanderez si vous avez besoin d'un produit spécifique (gamme de parfums de soin Altearah, huiles essentielles…) et où le mettre (voir notice, sinon : tête, gorge, cœur, estomac, ventre…) ?

Vous pourrez terminer en demandant si vous avez autre chose à faire (à voir selon votre sac à outils : fréquences vibratoires, nettoyage à la sauge, tambour…).

Pour ce qui est de la protection, à vous de trouver votre symbole (étoile de merkabah, fer à cheval, arbre de vie…) ou votre produit (parfois une petite bouteille d'huile essentielle de sauge en pendentif au niveau du cœur peut s'avérer très efficace en milieu « hostile », c'est-à-dire à basse vibration comme le métro ou les lieux de « débauche »).

Vous pourrez également questionner sur votre besoin éventuel de soin énergétique : si c'est le cas, vous choisirez parmi la large liste de produits de soins et compléments (comme les compléments nutritionnels, aliments…), ou éventuellement demander de l'aide à un thérapeute spécialisé, mais également bien sûr user de vos outils (méditations, yoga…), balade en nature, chanter, prier…

Pour questionner votre être intérieur, vous pourrez utiliser un pendule, vos doigts (anneaux pouce-index entrelacés, comme nous l'avons déjà vu dans le chapitre sur le champ mental), respiration, bascule du corps, majeur en pression sur l'index… Grâce à ces outils, vous pourrez questionner votre intuition et mesurer le taux vibratoire.

Et rappelez-vous toujours que la plus grande puissance de l'Univers et la meilleure protection, c'est l'AMOUR !

Nettoyer ses chakras

Les chakras sont les principales portes d'entrée/sortie de notre énergie de vie (comme des points d'acupuncture géants). Ils font partie du système énergétique du corps humain, et de leur équilibre dépendent notre harmonie et notre bien-être.

De la même façon que le sang qui voyage dans nos veines, l'énergie circule à travers des canaux énergétiques (méridiens ou « nadis » en sanskrit) et se retrouve concentrée au niveau des chakras, qui sont comme des roues énergétiques : portes entre notre corps et l'Univers pour capter et émettre les énergies.

Nos sept chakras majeurs sont positionnés le long de la colonne vertébrale, depuis le sacrum jusqu'au sommet de la tête (la couronne), chacun d'eux correspondant plus spécifiquement à des aspects de nous-mêmes :

- **Racine** (ou de base) : centre instinctif, ancrage, lien à la terre, santé physique, famille, sécurité, naissance, fécondité, survie, rapport à l'argent.
- **Sacré :** lien aux autres, créativité, endurance, confiance, joie de vivre, force vitale, sexualité, désir.
- **Plexus solaire :** centre psychique, ouverture, assurance, estime de soi, siège des émotions, pouvoir.
- **Cœur :** amour (de soi et des autres), compassion, harmonie, espoir, paix, pardon.
- **Gorge :** communication, expression, liberté, orientation, créativité, capacité de guider les autres, individualisation.
- **3ᵉ œil :** intuition, esprit, idées, facultés psychiques et intellectuelles, connaissance de soi, clarté, unité, discernement.
- **Coronal :** spiritualité, conscience, inspiration, inventivité, sagesse, connaissance de soi, pureté.

Lorsque nos chakras sont ouverts et équilibrés, cela permet la plénitude sur tous les plans (psychique, physique, émotionnel et spirituel). Et lorsque ce n'est pas le cas, notre énergie circule moins bien (ou plus du tout) dans les canaux, et les organes liés se trouvent perturbés et s'affaiblissent.

Ainsi, il est très important de veiller à l'harmonie énergétique en nettoyant et dynamisant nos chakras, pour faire circuler et dissoudre les blocages éventuels.

Un des massages bien-être les plus puissants que j'ai appris est celui du « Dos et des 7 chakras » : pratiqué en Inde par les prêtres brahmanes ; lié au dieu Shiva, symbole de mort et de renaissance, il est celui qui délivre et purifie, il clarifie, brise les attachements, dévoile ce qui est caché, il symbolise l'impermanence, le monde en transformation permanente. Ce massage ayurvédique apporte un mouvement de dissolution et de recréation qui stimule les chakras et harmonise les différents corps. Il se pratique avec le chant du son « OM » et la visualisation de Yantra (symboles médiateurs entre les dimensions physiques et énergétiques).

Il est le tout premier que j'ai proposé à mon fils (une vraie pile électrique à l'époque), alors âgé de 7 ou 8 ans : je n'en étais pas à la moitié que j'entendis un ronronnement. Croyant qu'il s'agissait du bruit de la machine à laver, je m'aperçus bientôt que c'était lui qui s'était profondément endormi et ronflait bruyamment ! Je souris en me rappelant combien d'heures j'avais passé à le bercer bébé, lui qui ne voulait jamais dormir… Et là, en quelques minutes il avait sombré : quelque chose avait lâché en lui, comme par magie.

Une autre fois, alors que je le pratiquais sur un homme, je dus revenir à trois reprises après le massage pour le faire revenir à lui-même (en faisant un « palming » : empoigner avec mes deux mains le corps de la tête aux pieds) tant il était parti loin… En s'éveillant, il me dit avoir fait un voyage merveilleux : il se sentait régénéré et apaisé comme jamais !

À VOUS DE JOUER

Je vous propose à présent de nettoyer vos chakras en utilisant la vibration du son (à laquelle vous pouvez ajouter la visualisation de la couleur correspondant au chakra).

Vous prendrez au préalable quelques inspirations profondes et abdominales pour vous centrer (inspirer par le nez, bloquer, expirer par la bouche).

Debout, les pieds écartés de la largeur du bassin, les genoux et le bassin souples, bien vertical, yeux ouverts ou fermés, vous allez chanter trois fois (sur trois expirations) en vous concentrant tour à tour sur chacun des niveaux suivants :

1. Racine (rouge) : pssss (comme un bruit de serpent)
2. Nombril (orange) : é
3. Plexus (jaune) : a
4. Cœur (rose ou vert) : mmmmaaaa

5. Gorge (bleu ciel) : o
6. 3ᵉ œil (bleu foncé) : u
7. Couronne (violet) : i

Et pour terminer, sur un même expire, vous enchaînerez trois fois (bas vers le haut) :

« psss - é - a - mmaaa - o - u - i ».

Alors ? Comment vous sentez-vous à présent ?

Bien, ou super bien ?

9 - SE RELIER POUR MENER UNE VIE ÉQUILIBRÉE

« Que ta vie soit comme une fleur sauvage,
poussant librement dans la beauté
et la joie de chaque jour. »
Sagesse amérindienne

Aussi beau, heureux et en bonne santé que vous soyez, il reste un élément essentiel à votre accomplissement : mener une vie qui a du sens et qui vous ressemble !

Une vie qui résonne avec votre être profond, et qui vous donne envie de vous lever et de remercier chaque jour pour les bénédictions que vous recevez en osant être qui vous êtes au fond de vous.

Une vie qui vous révèle et que vous osez ériger à vos couleurs, fièrement et courageusement, comme le faisaient jadis les chevaliers avec leur blason.

Une vie qui incarne vos valeurs profondes et qui ne cherche pas à convaincre, mais peut-être à inspirer, à libérer, se permettant elle-même la liberté.

« Libre, sauvage et joyeuse », telle est ma devise !

Quelle est la vôtre ?

Découvrir sa médecine, c'est retrouver son essence et la vibrer

Par médecine, on pourrait entendre talent particulier, pouvoir personnel, mission de vie… ce qui fait que vous êtes vous et que vous avez choisi de vous incarner ici et maintenant. Le programme que votre âme a défini préalablement à votre naissance, la « fiche de poste » en quelque sorte.

Personnellement j'ai mis longtemps, j'ai bataillé parfois, lutté même fort à m'en faire mal pour trouver ma voie…

Une de mes formatrices disait à ce sujet :

« C'est là où tu as souffert que tu excelles ! »

Peut-être que vous avez trouvé votre place, et je m'en réjouis pour vous, même si ça n'est jamais complètement figé. Pour ma part, je pense que ma contribution est véritablement d'accompagner, de libérer, d'éveiller l'autre à la beauté, la confiance, la puissance qu'il porte en lui. Je possède ce pouvoir de voir clair, d'écouter au-delà des mots, de déchiffrer les signes du visage ou du corps, de me brancher sur le champ énergétique de l'autre. Oui, je suis clairvoyante ! Je l'accepte aujourd'hui sans en avoir honte, ni en tirer orgueil, mais ce fut un chemin pour moi…

Un jour que j'allais voir une astrologue, je lui demandai de m'informer de mon don, mon talent particulier, si tant est qu'elle puisse en avoir l'indication dans mon thème astral… J'espérais qu'elle me révèle une prédisposition pour la peinture, le chant ou l'écriture. Mais elle me révéla que mon cadeau du ciel était la clairvoyance et la capacité à embellir, à mettre du « beau » sur des situations, à embellir la vie. Je restai perplexe, ne sachant pas vraiment quoi faire de cela…

C'est quelques années plus tard, lors d'un voyage chamanique que fut confirmée l'information : la proposition du chaman était de nous faire percevoir quelle était notre médecine. Je découvris que j'avais la capacité de voir dans le rien, dans le vide, dans le transparent, dans le verre ? À peine retournée à mon domicile que je commandai sur Internet une boule de cristal, visionnant des vidéos pour apprendre à m'en servir. J'espérais devenir une « Madame Irma », lisant l'avenir et accédant au champ d'information universel… en vain. J'eus beau rester des heures dans le noir, à la lueur de la bougie, je ne voyais rien d'autre que mon reflet et celui de la flamme qui dansait !

Bien que dotée d'une grande intuition, c'est seulement un an plus tard que je récoltai finalement le pouvoir de voir véritablement dans la boule. Mes deux grands-mères venaient de décéder en l'espace de deux mois, et le jour de l'enterrement de la seconde, je sentis un léger trouble, comme un appel dans mon ventre, une demande à écouter dedans… Je me mis en méditation et entendis le message suivant : « Tes grands-mères te transmettent leur flambeau. C'est toi qui en hérites… » Je demandai alors de quoi il s'agissait, quand je reçus la réponse suivante : « Le don de voir dans la boule de cristal. » « Eurêka », me soufflai-je à moi-même, avant de me lever rechercher la fameuse boule, rangée au fond d'une malle depuis plusieurs mois. Je m'installai de nouveau face à la sphère, trouvant naturellement comment m'installer et quoi faire, comme une évidence. Et cette fois-ci, dès la première seconde je pus voir, entendre et ressentir les informations. J'étais devenue une sorte de canal ! Mon animal totem avait changé et c'était désormais l'Aigle qui m'accompagnait, symbole de la vision et du lien avec les esprits de la nature, des commencements et des initiations.

Je comprends désormais que j'ai à utiliser la « vision » pour contribuer à un monde meilleur, pour aider mes clients à guérir, se libérer et évoluer. Cette vision est un champ merveilleux d'inspiration et de créativité…

Je comprends à présent que la vie avait semé sur mon chemin de multiples petites pierres blanches, comme autant d'indices qui m'ont mise sur la voie.

À votre tour à présent de découvrir votre médecine, votre don particulier, car chacun de nous possède un pouvoir unique et singulier. User de son pouvoir est une bénédiction, un présent précieux que nous avons à offrir au monde !

Quel est le vôtre ?

Quels sont les indices que la vie a semés sur votre route ?

Où vous mène votre sentier ?

En quoi êtes-vous unique ?

Voici venu le temps de le découvrir…

Pour cela, vous pouvez demander à l'Univers de vous aider en vous envoyant des synchronicités, ou à votre inconscient de vous donner un rêve qui vous dévoile cette vérité, mais vous pouvez également faire la somme, le bilan de vos expériences, et votre bon sens peut suffire à le révéler.

La vie est un jeu, une aventure fantastique, une sorte de chasse au trésor, dont nous sommes le joueur, mais également la quête et le trésor lui-même. **Nous vivons l'expérience de la vie pour nous découvrir, nous guérir et nous aimer, et ce faisant, nous illuminons le monde…**

Cela demande du courage de voir notre vérité, davantage ensuite de l'accepter comme elle est sans la juger, de la respecter, et plus encore de l'aimer profondément, inconditionnellement et de l'honorer !

Sortir du rang, cesser d'être le gentil fils ou la gentille fille pour devenir qui nous sommes vraiment, en amour de tout ce qui est, n'est-ce pas là notre quête absolue ?

S'entourer de ses esprits et ancêtres

Toute la vie est une question d'équilibre, de verticalité et d'ancrage, de racines.

Savoir d'où je viens pour savoir qui je suis et où je vais. Pour avancer avec sérénité sur notre chemin, nous avons besoin de cet équilibre, nous avons également besoin de force et de soutien à certains moments. C'est pour cela qu'il est important de nous faire aider de ceux qui nous aiment profondément et sans condition, ceux qui ne demandent qu'à servir et offrir.

Comme l'arbre puise sa force de ses racines, vous devez pouvoir vous appuyer sur vos ancêtres. Bien sûr qu'ils n'étaient pas parfaits, et peut-être tenez-vous rigueur à certains, néanmoins, il est bon de pouvoir vous relier à eux dans le sens sacré, d'âme à âme, pourrait-on dire ? Que vous le vouliez ou non, ils continuent d'exister à travers vous, puisque vous les portez dans vos gènes.

Dans de nombreuses cultures demeure l'importance d'honorer ses Aïeux, de leur adresser des prières, de leur faire des offrandes, de les remercier pour l'aide qu'ils apportent, pour leur protection aussi.

Une idée que je vous suggère est de créer chez vous un petit autel des ancêtres, endroit de recueillement et d'hommage que vous pourrez visiter pour demander de la force ou des conseils si nécessaire. Vous pourrez y déposer des fleurs ou y faire brûler une bougie. Pour le créer, vous pourrez y placer des photos ou des objets symboliques qui leur ont appartenu, ou qui représentent le lien que vous avez avec eux. C'est très puissant ce lien familial, c'est chargé d'énergie et d'amour, et les objets qui témoignent de la lignée peuvent être très puissants.

Je me rappelle cette femme qui m'avait demandé une séance de voyance. Dans les questions qu'elle me posait, elle me demandait notamment comment faire pour se protéger des énergies négatives : quel objet ou symbole était approprié pour elle. L'image que je vis immédiatement était le fer à cheval… Je fus un peu surprise par la réponse mais lui communiquai néanmoins. Enjouée, elle me confia alors qu'elle avait hérité de son grand-père un fer à cheval qui ne la quittait pas, la suivant de déménagement en déménagement depuis de longues années ! Son grand-père était maréchal-ferrant, ainsi cet objet lui permettait-il de se relier à sa lignée et représentait beaucoup pour elle.

En faisant quelques recherches, je me suis amusée en découvrant qu'il faisait partie des symboles de protection les plus anciens ! Source de bons présages, il est censé repousser les esprits malveillants.

Vous pouvez également obtenir du soutien des esprits de la nature : comprenez qu'ils ne demandent qu'à vous aider si vous les en remerciez par des offrandes. Étant éthérés, ils aiment les cadeaux faits de matière, comme le tabac, les bonbons, le lait (pour les esprits du ciel), l'alcool, les fruits secs… En résumé ce qui se mange, se boit ou se fume, comme un cadeau que vous offririez à des hôtes. Bien entendu, il s'agit toujours de faire des demandes pour vous-même ou les autres qui soient « positives », c'est-à-dire dans le sens de l'amour, de la liberté, de la joie…

Vous pouvez demander des guérisons puisque pour les chamans, si nous ne guérissons pas, soit cela vient du corps (au sens large), soit cela vient des esprits que nous avons offensés. Mais vous pouvez également demander la protection ou la guidance, par exemple.

Les esprits de la nature sont très nombreux, puisque tout ce qui existe possède un esprit : un arbre, un lac, le vent, une pierre, mais aussi un lieu, une montagne…

Il s'agit de faire avec eux du « bon troc » : un service contre une offrande.

Une autre façon d'obtenir du soutien est de faire appel aux animaux de pouvoir : par exemple, imaginez que vous êtes en train de grimper un chemin escarpé et que vous manquez de force dans vos mollets. Eh bien, vous pouvez demander à l'esprit du Bouquetin de vous donner sa force et son habileté en montagne ! Le simple fait de faire appel à un esprit et d'invoquer ses qualités vous stimulera et aura un impact sur votre énergie. Rappelez-vous que là où la pensée va, l'énergie va !

À vous d'être créatif, car le champ des possibles est infini : faites appel au Cerf pour trouver en vous la force de pardonner, au Serpent pour faire peau neuve et renaître, au Chat pour savoir retomber sur vos pattes, etc.

Certains y verraient l'effet placebo, ce à quoi je répondrais tant mieux ! Car 30 % de bonus ne se refuse pas !

Développer son ancrage

Prendre racine, c'est puiser à l'origine des choses, mais c'est également pousser pour s'élever et se dresser vers le ciel !

Nous sommes des antennes entre Terre et Ciel, une boule de vie, d'énergie qui mixe ces deux sources pour les faire se marier…

Si le but de la vie est d'évoluer, de nous élever spirituellement, il n'en demeure pas moins que pour tendre haut ses branchages, il faut planter profond ses racines, sans quoi l'ascension risque de mal tourner…

D'ailleurs, nos sept chakras fonctionnent comme un chandelier : le chakra racine est en lien avec le chakra couronne, le sacré avec le 3e œil, le plexus avec la gorge, et au centre se trouve celui du cœur. Ainsi, il nous faut être en harmonie, en équilibre entre le bas et le haut pour que cela profite au cœur, au bien-être d'une façon globale.

Si vous êtes trop « perché », vous savez que vous aurez du mal à incarner sur le plan physique ce qui est important pour vous, notamment l'abondance financière. L'un se nourrit de l'autre, comme un mouvement de balancier : à chaque mouvement à droite du pendule, suivra un mouvement de même intensité à gauche, c'est le jeu de la vie !

Ainsi, pour vous élever très haut vers le ciel, la lumière, l'ouverture, l'abondance, etc., il s'agit d'être bien stable sur vos appuis, avec des fondations solides et profondes, vous rendant présent et bien campé, occupant votre place avec affirmation et détermination.

Cela me rappelle cette citation latine : « Si tu veux la paix, prépare la guerre », que l'on pourrait adapter ici ainsi : « Si tu veux être puissant, travaille sans relâche sur ta guérison et ta vérité. »

Car nos blessures ont fait de nous des sortes d'estropiés : les humiliations, les chocs, les traumatismes nous ont figés, et comme les cornes d'un escargot qui se rétractent lorsqu'on les touche, nos racines peuvent s'être atrophiées et mettront parfois longtemps avant de se revitaliser…

C'est vraiment capital, l'importance de l'ancrage. J'ai mis longtemps à le comprendre et l'intégrer. Lorsque je donne mes formations à l'EM Lyon aux managers sur le thème de l'assertivité, j'en parle beaucoup et pour l'illustrer, il m'arrive souvent de demander à un des stagiaires que je sens timoré de se placer debout face à moi. Je pose mes mains sur ses épaules et commence à le pousser. Il recule. J'avance alors de plus en plus jusqu'à le plaquer contre un mur, avant de lui demander :

« Mais jusqu'où allez-vous accepter de reculer encore dans votre vie ? Il est important de tenir vos appuis si vous ne souhaitez pas finir dans un coin de la pièce ! »

L'ancrage vous permet donc de vous affirmer, de défendre vos valeurs et points de vue, de formuler des demandes importantes pour vous, de dire non, de nourrir vos besoins absolument… en un mot, de prendre votre place dans la vie, mais il offre encore de multiples avantages, comme :

- Gagner en sécurité intérieure (moins d'angoisse).
- Avoir moins de pensées négatives (car on est dans le concret).
- Avoir plus d'énergie (car vous vous nourrissez de l'énergie de la Terre).
- Être davantage dans le moment présent, à l'écoute de vos sensations.
- Développer sa confiance et son optimisme.
- Incarner dans la réalité vos envies.
- Se sentir mieux dans son corps.
- Accroître sa force et sa vitalité.
- Permettre à notre spiritualité de devenir fluide, vivante et simple (mise en application dans notre quotidien).

Saviez-vous qu'en médecine traditionnelle chinoise les reins sont appelés « La racine de la vie », refuge de notre capital d'énergie innée et de notre vitalité ? Ils sont en lien avec le centre énergétique du bas-ventre, et on dit que préserver l'énergie de nos reins garantit notre longévité et vigueur. Or, le premier point du méridien des reins est le seul se situant sous notre pied (porte énergétique de la Terre).

Et comme par hasard, les reins gouvernent le vouloir-vivre (la volonté) et la capacité réalisatrice.

Voici une liste non exhaustive pour vous permettre de développer votre ancrage :

- Porter des culottes et/ou des chaussures rouges (couleur du chakra racine).
- Faire du sport (marche, course, danse, yoga, taï-chi...).
- Pratiquer la méditation de pleine conscience (dont nous avons déjà parlé).
- Prendre soin de votre corps et être à l'écoute de vos cinq sens (massage, relaxation, étirements, dégustation de saveurs, parfums...).
- Vivre des moments avec la nature (jardinage, balade en forêt, à la campagne, en montagne, se baigner dans la mer, en rivière, s'allonger contre un arbre, dormir à la belle étoile...).
- Marcher le plus souvent possible pieds nus sur la terre ou dans l'eau de mer.
- Stimuler son bassin : danse du ventre, hula-hoop...
- Appliquer le soir avant le coucher un mélange d'huile neutre avec une ou deux gouttes d'huile essentielle de Nard[78] sous les pieds.
- Faire brûler de l'encens de cèdre, qui nous aide à nouer le contact avec l'énergie de la Terre.
- Défluer vos émotions et notamment votre peur (en criant tout votre soûl) et votre colère (en criant et tapant sur un sac de boxe ou un coussin).
- Être dans votre vérité (expression, posture, action...).
- Stimuler le bas de votre ventre par des contractions du périnée ou des fessiers.
- Placer votre conscience dans vos pieds lorsque vous marchez, ou dans votre bas-ventre lorsque vous avez besoin de porter un message important.
- Avec un bol tibétain ou un tambour, jouez et faites vibrer votre bas-ventre.

---

78 Le Nard de l'Himalaya fait partie des sept parfums que l'on retrouve dans les textes bibliques. C'est une huile sacrée connue principalement pour être calmante, elle aide à l'endormissement...

À VOUS DE JOUER

Je vous propose à présent de faire la méditation du chêne, qui est une technique d'ancrage énergétique par visualisation.

Vous pouvez la réaliser assis ou debout. L'important est d'avoir les pieds bien à plat sur le sol, écartés largeur du bassin et genoux souples si vous êtes debout. Vos pieds sont bien posés sur le sol et créent un contact puissant avec la terre.

Commencez par effectuer quelques respirations abdominales profondes pour vous détendre (inspire gonfle, expire rentre le ventre légèrement).

Maintenant, les yeux fermés de préférence, vous allez imaginer que vous êtes face à un beau chêne centenaire et progressivement, vous allez acquérir ses qualités de force et de robustesse, tandis que vous visualisez que des racines sortent de vos pieds et de votre sacrum et commencent à s'enfoncer dans le sol.

À l'expiration (par la bouche), vous imaginez que ces racines s'enfoncent de plus en plus profondément dans la terre. Elles sont de plus en plus grosses et nombreuses. Elles plantent de plus en plus loin jusqu'à vous connecter au centre de la Terre.

Et à chaque inspiration, vous visualisez l'énergie de la terre qui remonte en vous, comme de la sève de l'arbre, et vous recharge. Une énergie nourricière et régénératrice, pleine de nutriments passe par vos racines, jusqu'à vos pieds, et remonte en vous.

Vous pouvez également imaginer à l'expiration que vous déchargez vos pensées négatives, vos angoisses et vos tensions vers la terre, et qu'à l'inspiration vous vous rechargez d'énergie neutre, ou encore vous prenez ce dont vous avez besoin : joie, sérénité, énergie, guérison... et de nouveau à l'expiration, vous vous libérez de ce dont vous n'avez plus besoin : stress, douleurs, soucis...

OPTION :

Vous pouvez poursuivre ensuite en imaginant cette fois à l'expire des antennes qui poussent de votre tête et s'élancent haut vers le ciel, de plus en plus haut au fil des respirations.

Et à chaque inspiration, vous imaginez que vous rechargez de l'énergie du ciel, de sa lumière.

Et pour terminer, vous prendrez trois respirations profondes pour réunir en vous la Terre et le Ciel :

À l'expiration, vous imaginez que comme un chêne vos racines et vos branches se déploient très loin, et à l'inspiration vous réunissez en vous (au niveau du cœur) les deux énergies qui se rejoignent et se mêlent (en visualisant le symbole du yin et du yang).

Vous pouvez pratiquer ainsi pendant une dizaine de minutes, jusqu'à vous sentir lourd, parfaitement détendu et présent à l'instant. Votre ventre est bien relâché maintenant et vous êtes disponible et abondant, inspiré et prêt à poursuivre en confiance votre journée.

Se connecter à son intuition

« La seule chose qui a de la valeur
c'est l'intuition. »
Albert Einstein

Nous parlons souvent de l'intuition, mais de quoi s'agit-il au fond ? Comment appréhender ce sixième sens sans contours vraiment définis et palpables ?

Quand certains parlent de petite voix qui murmure et d'autres n'y croient pas, attribuant les signes aux hasards… je la définirais comme une information instantanée, une certitude, une conviction, une évidence, qui peut prendre la forme d'une image, d'une voix, ou d'un ressenti.

Comme une sorte de sagesse intérieure qui viendrait apporter son éclairage des profondeurs de notre âme, il s'agirait d'une voix du cœur porteuse d'inspiration, de prise de conscience, d'éclair de génie.

Certains l'ont dans les tripes (c'est le corps qui parle), quand elle se manifeste pour d'autres dans les paroles d'une chanson ou la forme d'un nuage.

Il paraîtrait que plus nous avons de connaissances et d'expérience dans un domaine donné, plus notre intuition sera bonne, comme une forme d'intelligence accélérée.

Étymologiquement, l'intuition vient des mots latins *in* (en, dans) et *tueri* (regarder attentivement, contempler). *Intueri* signifierait donc l'acte de regarder attentivement à l'intérieur de soi, voir de l'intérieur. Elle est définie comme une « connaissance soudaine, spontanée, indubitable », une « connaissance directe, immédiate de la vérité, sans recours au raisonnement, à l'expérience ». C'est l'acte de percevoir ce qui nous est inconnu, ce qui est caché, sans pouvoir l'expliquer ou l'argumenter.

Pour ma part, le plus difficile ne fut pas d'avoir de l'intuition, car comme chacun je pense que cette capacité est en nous.

Non, le plus difficile fut de lui donner une place dans ma vie : oser la verbaliser et plus encore, l'écouter et la suivre. Cela demande beaucoup de courage et d'affirmation de soi de pouvoir afficher un message qui ne repose sur rien de tangible ! Et il m'a fallu développer ma confiance en moi pour prendre en compte véritablement ces informations, puis les valider par le retour d'expérience.

Et là, j'ai découvert que plus on fait confiance à son intuition, plus elle est présente, juste, puissante... et plus on peut lui faire confiance...

La vie change alors : nos choix ne reposent plus sur des tableaux d'arguments en deux colonnes, mais sur une sorte de magie. On demande un signe à l'Univers et, comme un enfant, on se met à l'écoute de l'écho de la montagne... Cela devient une sorte de jeu, un jeu de la vie.

Les Canadiens disent avant de prendre une décision : « Est-ce que ça te fait oui ou est-ce que ça te fait non dans le corps ? »

Je crois également que notre corps possède une sagesse infinie et qu'il est véritablement le média, le lieu de rencontre de tous les aspects de notre réalité (physique, mais aussi émotionnelle, énergétique et spirituelle). Il possède une connaissance infinie et universelle (la mémoire de nos ancêtres, celle de nos anciennes vies, l'appréhension du futur...).

Avez-vous déjà remarqué, par exemple, que votre corps pouvait réagir préalablement à un événement important, comme s'il se préparait à ce qui allait arriver ? Le stress, bien sûr, est un des mécanismes qui lui permettent de produire un supplément d'énergie, mais également un mal de dos qui peut vous éviter une mauvaise rencontre.

Cela me donne envie de vous raconter une aventure peu glorieuse, mais amusante de mon passé.

Il y a quelques années, à une période où j'étais célibataire et souhaitais trouver un partenaire amoureux, je me décidai à m'inscrire (alors même que j'y étais hostile) sur un site de rencontres (je m'étais laissé convaincre par une amie). Deux jours après mon inscription, un homme séduisant échange avec moi et nous nous donnons rendez-vous pour le mercredi midi à déjeuner. Un peu stressée mais pleine d'enthousiasme, je me lève le mercredi matin, avant de m'apercevoir qu'il pleut des cordes... « Bon pas grave, me dis-je pour me rassurer, je prendrai mon parapluie, voilà tout ! »

Je prends ma douche et au moment d'en sortir : clac, je me bloque le dos... ! « Oh non, un lumbago, comme cela peut m'arriver parfois... »

Je connais les effets : je ne peux pas me relever et reste pliée comme une « petite vieille » pendant une semaine avant de pouvoir me déplacer (au moins jusque chez l'ostéopathe).

Décidée coûte que coûte à rencontrer mon Roméo (ça, c'est la voix du mental), je parviens tant bien que mal, bien que pliée en deux, à m'habiller et à me glisser dans ma voiture.

Mais je suis un peu inquiète, car nous n'avons pas défini le lieu exact du rendez-vous et l'horaire approche. Je tente de l'appeler, sans réponse.

Pas grave, je pars en direction de la ville et espère qu'il me rappelle rapidement...

C'est alors que je reçois un texto de sa part, m'informant qu'il était désolé mais qu'il annulait notre rendez-vous, car il venait de se donner une nouvelle chance avec son ex-compagne… ! Non, mais c'est pas croyable…

Avec le recul, j'analyse cette histoire de la façon suivante : aveuglée par mon désir de rencontre, je n'ai pas écouté mon intuition jusqu'à ce qu'elle soit obligée de crier « STOP » avec le lumbago. Mon corps m'avait prévenue que cet homme n'était pas bon pour moi ! Il savait avant ma tête et cela m'a servi de leçon pour l'avenir : plus de site de rencontres et plus d'idée fixe !

Je pense que mon corps est un véritable maître sagesse : un genre de Kung Fu Panda, qui ne m'épargne aucun mensonge, me faisant payer immédiatement l'addition par des douleurs, si je fais l'impasse d'une vérité. C'est un maître exigeant, mais très formateur à l'école de la vie… Aussi suis-je devenue une de ses disciples fidèles, attentive désormais à ses messages, comprenant qu'il est à mon service, soucieux de mon évolution, même si souvent ça fait mal… !

L'intuition est un atout qui prendra sa place dès lors que vous la lui laisserez.

Elle ne marche pas à la pression et ne se force pas. Elle se demande et se reçoit, elle s'accueille, arrivant parfois quand on ne l'attend pas, et souvent vous fait grogner et grincer des dents.

Pour la développer, il faut lui laisser un espace : des moments de tranquillité sans enjeux, avec vous-même, en dehors du vacarme des discussions et des médias. Être aligné, ancré et ouvert vers le ciel, disponible à votre cœur, sans attente, sans vouloir : c'est un élan du recevoir, du laisser-faire…

Pour l'inviter dans ma vie, j'ai ma petite phrase rituelle : « **Je confie les rênes de ma journée à mon âme** », et alors je sais que mes actions seront justes et inspirées, que ma journée sera plus riche de conscience.

Pour la développer, voici ce que je peux vous proposer :

- Cultivez l'ouverture de votre cœur en étant emphatique autant à votre environnement, aux autres qu'à vos propres émotions. Observez les expressions du visage, des corps, les détails et ainsi, comme vous le faisiez naturellement bébé, vous allez capter de nombreuses informations. Et écoutez avec votre corps et pas seulement avec vos oreilles, laissez jaillir les messages.

- Mettez-vous à l'écoute de vos signaux physiologiques (avant qu'ils ne deviennent des douleurs) et soyez attentif aux réactions physiques ressenties quand vous avez à faire un choix (ouverture ou fermeture, écoute de votre souffle, raideurs…).

- Offrez-vous dans votre quotidien des parenthèses de calme, qui seront des occasions pour être en tête à tête avec vous-même, et pratiquez si possible des activités artistiques (qui sont le langage de l'âme).

- Notez vos rêves, vos idées afin de pouvoir y revenir et de faire des liens.

- Commencez votre journée par un tirage de cartes (il existe de nombreux jeux aujourd'hui comme ceux de Doreen Virtue), ainsi vous vous branchez sur le canal « magique ». Vous pouvez aussi effectuer un tirage au moment de faire un choix (avec *Le Petit Oracle de la forêt*, par exemple).

- Osez nommer vos intuitions et leur faire confiance. Peut-être que vous n'aurez pas 100 % de vrai, mais entre analyse rationnelle et intuition, c'est le second choix qui l'emporte !

- Soyez attentif à vos premières impressions : des études[79] montrent qu'il nous faut quelques secondes pour avoir une opinion sur les choses (moins d'une seconde pour connaître l'orientation sexuelle d'une personne, par exemple).

- Entraînez-vous à deviner : lorsque votre téléphone sonne, en tirant une carte sans la retourner, la météo du lendemain… La vie est un jeu, alors jouez !

- Utilisez les mêmes outils que ceux que nous avons vus pour le champ mental (anneaux avec les doigts, bascule du corps, respiration…).

- Portez un petit bijou autocollant (appelé « bindi ») ou une tache de maquillage au niveau du 3e œil comme le font les Indiens. Ainsi, vous stimulez votre chakra.

- Méditer vous permet bien entendu de développer votre intuition en permettant le calme et le centrage. Si vous souhaitez

79 À ce sujet, je vous recommande *La Force de l'intuition*, de Malcolm Gladwell.

favoriser encore davantage vos dons de clairvoyance, vous pouvez méditer avec des feuilles de menthe[80] fraîche, que vous déposerez sur votre langue (à la façon d'une hostie), et concentrez-vous ensuite sur votre 3e œil, en imaginant qu'il s'ouvre de plus en plus, jusqu'à percevoir à présent des choses qui n'étaient pas visibles avant (à pratiquer pendant une vingtaine de minutes). Vous entrez ainsi progressivement dans le monde invisible...

Lorsque je réalise une voyance avec ma boule de cristal[81], je prends systématiquement quelques respirations pour m'ancrer à la terre, puis pour me brancher au ciel, grâce au souffle et à mon intention en visualisant que je suis parfaitement reliée. À cet instant, j'oublie « qui je suis et où je suis », je ne suis plus personne, je ne suis rien, je me sens alors touchée et reliée au niveau de mon cœur. Il suffit alors que mon client pose une question et immédiatement, je reçois la réponse. Je suis comme un canal, un tronc creux, vide pour pouvoir accueillir, recevoir... Je suis simplement présente et disponible, attentive, centrée, à l'écoute.

EXPÉRIENCE

Je vous propose d'expérimenter le « cercle de vision ».

Pour cela, vous devez être entouré d'au moins une autre personne, idéalement trois ou quatre, voire plus.

À tour de rôle, une personne se met au centre et ferme les yeux, assise. Les autres se positionnent autour en cercle à une distance d'un mètre environ, assis également, les yeux fermés.

Pour commencer, chacun s'installe et prend quelques respirations pour se détendre et se centrer, puis les personnes du cercle posent l'intention de se « brancher » sur celle qui est au centre, et pendant

80 Je vous conseille par ailleurs de consommer cette plante fraîche qui procure de nombreux bénéfices. Elle est notamment efficace pour les troubles digestifs (constipation ou diarrhée), urinaires (effet diurétique) ou respiratoires, antidouleur (articulaire et musculaire, maux de tête), affections de la peau (démangeaisons)...

81 Vous pouvez suivre mes divinations et voyances sur ma page Facebook « la Bohémienne » (@sophielabohemienne).

deux minutes chacun nomme ce qui lui vient à propos de celle du centre : image, couleur, son, bout de phrase, titre de film, sensation… absolument tout ce qui vient au moment où ça surgit, sans respecter d'ordre de parole ou de fréquence. Les mots doivent être libres, sans jugement, sans interprétation.

Celle qui est au centre écoute sans rien dire, puis lorsque le temps est écoulé, prend en note tout ce qu'elle a entendu.

Puis vous pourrez changer et passer à la personne suivante au centre, et ainsi de suite.

Vous constaterez que c'est bluffant combien ce qui émerge est troublant et vous permet de faire des liens avec votre vécu, de mettre en conscience certains aspects de votre vie…

Créer ses rituels

« Pour que votre discipline ait une raison d'être,
il faut qu'elle soit reliée à un idéal
plus grand que vous. »
Anonyme

Élevée dans une discipline rigoureuse, je n'ai cessé de la combattre et de vouloir m'en émanciper. Cela a forgé mon caractère et a éprouvé mon courage. Néanmoins, j'ai gagné de cette enfance la rigueur et le sens de l'ordre.

Il m'a fallu des années pour réhabiliter dans ma vie des rituels, comme une discipline de vie, car j'étais devenue assoiffée de liberté et réfractaire à toute forme de chaînes.

Mais un jour, je lus le proverbe suivant : « **De la discipline naît la liberté…** »

Je restai choquée, abasourdie que l'on puisse associer deux termes qui étaient pour moi aux antipodes…

Des mois, des années j'ai tourné cette petite phrase dans ma tête, car je sentais au fond de moi qu'elle était importante et qu'elle m'enseignait une notion capitale pour mon développement, et pourtant je ne cessais de me casser les dents dessus...

Moi qui n'avais que peu d'assiduité, qui préférais butiner les parfums des fleurs, allant de découverte en expérience, je ne parvenais pas à répéter sur la durée la moindre pratique, trouvant dans la routine quelque chose de mortellement ennuyeux ! Je ne savais pas alors que c'était le discours de mon mental, assoiffé de divertissements (comme autant de fuites face aux sujets profonds et aux douleurs insoutenables), qu'il faudrait pourtant un jour que j'affronte... Je vivais dans ma tête, incapable de me poser, sans cesse insatisfaite, agitée et aveuglée.

Étape par étape, j'ai commencé par découvrir mon intériorité, mon corps, pour progressivement, tout doucement d'abord, venir l'habiter.

J'ai commencé par recevoir des massages (un supplice pour moi dans les premiers temps), puis j'ai découvert la sophrologie et la méditation (une folie, un chaos insoutenable au départ), ensuite vinrent les transes chamaniques (violentes pour commencer)...

Pas après pas, il m'a fallu un énorme courage pour revenir découvrir et habiter ce lieu désolé où régnaient les ténèbres : mon corps !

Et alors, j'ai découvert que si ma tête aimait les folles farandoles de nouveautés, mon corps, lui, avait besoin de cultiver dans la régularité des choses bonnes pour lui. J'ai donc écouté ses besoins, ses appels, ses lubies aussi parfois, sa folie, son génie, sa joie !

Et c'est ainsi que j'ai composé ma petite liste de rituels, sans plus de combat cette fois, sans même de contrainte, car c'est du plus profond de moi cette fois que les désirs émergeaient, justes et nourrissants, équilibrants et apaisants.

Tout naturellement, j'ai composé avec le temps, jusqu'à aménager ma vie pour qu'elle soit à mon image et qu'elle me permette de vivre en harmonie.

Dans ma trousse, j'ai mis le yoga (avec une dizaine de minutes de postures ayurvédiques), la méditation, les soins énergétiques, l'EFT, les huiles essentielles, les chants amérindiens, l'encens de cèdre, mon pschitt de rose, la prière, la peinture, la flûte amérindienne, les balades dans la nature, la douche froide, etc., que je mélange selon les appels au jour le jour de mon être intérieur, qui me rappelle à l'ordre sitôt que je m'éloigne trop de toutes ces choses désormais essentielles (essence-ciel) à mon bien-être. Certains sont immuables, d'autres varient chaque jour, c'est mon corps qui décide (même si ça peut me faire râler intérieurement, ma tête criant à la perte de temps) !

Je ne fais plus mon yoga matinal, parce que c'est bien ou qu'il le faut (chacun de nous étant hermétique aux injonctions), mais parce que dans mon corps « ça » réclame. J'accepte désormais de prendre en compte la voix de mon corps et de lui répondre favorablement, ce qui était inenvisageable pour moi il y a encore quelques années, ma tête trouvant toutes les excuses du monde pour contrer et détruire la moindre tentative de « et si tu sortais courir ou prendre l'air ? Et si tu te contentais de crudités pour le déjeuner ? Et si tu prenais dix minutes pour ne rien faire ? »

Je ne suis pas encore parfaite sur ce plan-là, mais les progrès sont gigantesques à l'échelle de ma vie !

La clé, pour moi, a vraiment été d'avoir guéri suffisamment de blessures de mon passé pour que ma conscience puisse revenir dedans, et que la voix de l'ego (« le défenseur » qui était là pour me protéger, merci à lui au passage) soit suffisamment faible pour que celle du corps se fasse entendre, communiquant ainsi avec justesse ses besoins et solutions à apporter.

Et il fallut enfin capitaliser ces ressentis positifs obtenus par mes rituels (en les ancrant en moi par la répétition et la présence à mes bonnes sensations, l'écoute de mes sens), que le mental aurait envie de vite oublier pour reprendre le pouvoir absolu !

À votre tour de vous demander quelles seraient les bonnes pratiques pour vous en ce moment : de quoi votre être intérieur a-t-il besoin pour que la joie et le bien-être fleurissent dans votre vie ?

Bien entendu, c'est différent pour chacun : à celui qui court tout le temps, il va s'agir de ralentir, voire de faire des pauses, tandis que pour celui qui se complaît dans une forme de léthargie, il va falloir organiser des sorties.

Pour tous, il est question de définir des habitudes qui vous font du bien et qui ont du sens pour vous (choisies et pas subies) ! C'est comme une petite routine de la joie et de bien-être qui vous permettra d'être mieux dans votre peau, plus souple, zen, plus efficace, plus ancré, plus épanoui, plus détendu, plus concentré, plus motivé, plus dynamique, plus centré ou simplement de meilleure humeur !

De quoi manquez-vous le plus ?

Comment pourriez-vous vous organiser pour nourrir ces besoins ?

Puis commencez par la méthode Kaizen[82] : expérimentez par petits pas. Il vaut mieux démarrer avec une minute de yoga par jour, puis passer à cinq minutes après une semaine, pour peut-être en faire une heure dans un mois ou deux, que d'attaquer par deux heures et vous dégoûter à vie comme je l'eus fait !

Il faut que la majorité en vous l'emporte et valide la pratique pour que vous teniez le rituel dans le temps, sinon, comme un régime alimentaire, vous risquez de tout perdre à vouloir faire trop fort, trop vite !

Bien entendu, vous pourrez les faire évoluer selon les saisons, les moments de la journée, les demandes de votre corps, mais gardez absolument, par exemple, dix minutes pour vous par jour pour nourrir le vivant, puis adaptez.

Si vous manquez d'idées, relisez le livre que vous tenez entre les mains ! Il en est truffé ! Bon, celles et ceux qui veulent un bonus, je vous partage celui du grand Tony Robbins[83], qu'il nomme le « **STARTER** » :

Prenez pour cela dix minutes chaque matin avant de commencer votre journée.

82 Le mot « Kaizen » est la contraction de deux termes japonais : *Kai* – « changement », et *Zen* – « meilleur ». C'est un processus d'évolution continue qui repose sur de petites améliorations répétées au quotidien.

83 C'est un des plus célèbres coachs du monde, essayiste américain. Il est l'auteur de livres de développement personnel à succès.

Vous commencez par sauter les bras en l'air quelques secondes, comme si vous étiez à un concert de rock (pour vous mettre en état de *peak state*[84]), puis vous enchaînerez (idéalement avec des musiques qui sont adaptées que vous aurez préprogrammées):

- Trois minutes de respirations rapides (avec le nez) pour oxygéner votre corps (debout): bras en l'air mains ouvertes sur l'inspire, poings fermés ramenés poitrine sur l'expire, le plus rapidement possible, par séries de trente secondes, en alternant trente secondes d'exercices, puis trente secondes de pause, trente secondes d'exercices...
- Trois minutes de gratitude (assis yeux fermés): mains sur votre cœur, vous repensez à trois choses de votre vie pour lesquelles vous avez une gratitude infinie, et vous vous immergez complètement dans le bonheur et la chance que vous avez. À la fin des trois minutes, vous prenez quelques secondes pour envoyer tout l'amour que vous sentez à présent vers ceux que vous aimez (famille, amis...), puis vers ceux de votre ville, de votre pays, de la Terre entière, de l'Univers !
- Trois minutes de visualisation (assis yeux fermés): mains posées sur vos cuisses paumes tournées vers le plafond, vous allez imaginer la vie de vos rêves comme si vous y étiez, comme si tout était possible (couple, travail, argent, voyage, hobbies, santé...).

Et lorsque vous avez terminé, vous allez sauter en l'air (de nouveau peak state) et taper dans vos mains deux ou trois fois pour valider, ancrer en vous le succès comme s'il était déjà là !

Patate et « *big smile* » assuré pour la journée !!!

Pour ma part, voici les rituels que j'adopte chaque matin pour prendre soin de mon taux vibratoire et élever l'énergie de mon environnement tandis que j'écris ce livre:

- Je fais quelques mudras dans mon lit pour stimuler la mise en route de mon corps.
- Je visualise rapidement ma journée et me réjouis des petits plaisirs à venir.

84 État d'énergie très élevé.

- Je fais quelques minutes de yoga qui me permettent de m'assouplir et me centrer.

- Plusieurs fois dans la semaine, je médite entre dix et trente minutes : à chaque fois que je sens le besoin de revenir à moi, de me réunir, et notamment le lundi (le jour de la lune et de l'intuition).

- Je petit-déjeune en commençant par un fruit frais, en imaginant toutes les belles vitamines qu'il va m'apporter, aussi quelques noix, un thé et une jolie tartine de ma confiture préférée ou des céréales.

- Je fais ma toilette en conscience, en apportant beaucoup de soin à mon corps, lorsque je masse mon visage pour y faire pénétrer la crème, par exemple, ou je remercie l'eau pour la purification qu'elle m'apporte.

- Je me fais belle pour me sentir bien : un peu de crème sur mon visage, des vêtements et des bijoux assortis qui me font me sentir bien et joyeuse, une fleur dans mes cheveux.

- Arrivée dans mon bureau, je prends un instant pour me relier à cet espace : je chante un peu tout en brûlant de la sauge ou du palo santo pour purifier l'air, mais aussi mon ordinateur, ou j'aère simplement.

- Je demande à mes doigts si j'ai besoin d'un soin énergétique ou d'un nettoyage, et fais ce qui est nécessaire, puis m'asperge d'eau de rose (immédiatement, je respire mieux).

- Je veille à être entourée de beauté : un bureau rangé, décoré selon mes goûts, coloré à souhait, des plantes vertes, des matériaux naturels, le tableau amazonien de la guérisseuse (que l'on m'a offert) devant moi. Je me sens à ma place, pleine, bien vivante !

Garder son pouvoir

L'enfant, dans sa construction, commence par être dépendant des autres, de ses parents en premier lieu, puisqu'il ne peut se nourrir ou se donner les soins essentiels dont il a besoin seul. Il a besoin de la fusion avec sa mère les neuf mois après sa naissance, pour grandir et devenir plus tard un adulte serein : le peau à peau, les câlins, les mots doux et les sourires de sa maman sont autant de nourritures affectives qui lui offriront l'équilibre, par exemple. C'est le père, plus tard, qui devra jouer le rôle du tiers séparateur (vers 7 ans), pour que l'enfant quitte « les jupes » de sa mère et se construise de façon plus autonome, jusqu'à ce qu'à la majorité le jeune adulte soit en capacité de prendre son envol, confiant et conscient de ses besoins, en capacité de les nourrir… puis s'autorise même à s'affranchir et dépasser ses parents en trouvant sa propre voie !

Ça, c'est quand tout se passe bien…

Mais combien d'entre nous sont restés en demande des bons soins qu'ils n'ont peut-être jamais ou très mal reçus ? Combien courent les thérapeutes à la recherche d'un salut qui ne viendra pas ?

Car, si l'on peut avoir besoin d'un coup de main ponctuellement, il nous faut acquérir la conviction que chacun à en lui toutes les ressources nécessaires à son épanouissement.

Personne ne sait mieux que vous ce qui est bon pour vous, d'une part, et d'autre part l'énergie que vous avez est votre capital, c'est à vous de le gagner, de le faire fructifier, d'en prendre soin, sans le dilapider trop rapidement en l'offrant au premier venu.

Garder son pouvoir, c'est refuser de remettre les clés de votre bonheur à un autre, aussi bien intentionné soit-il !

C'est ne pas attendre d'un prince charmant, d'un voyant ou d'un chaman qu'il nous guérisse de tous nos maux et nous sauve des vicissitudes de la vie. Vous êtes la seule personne qui pourra assurer votre salut, la seule en capacité (et en responsabilité aussi) de vous rendre heureux, et personne ne pourra faire ce chemin à votre place.

Eh oui, la vie est dure parfois, cruelle à certains instants, mais elle est à votre service, celui de votre évolution, ni plus ni moins. Vous êtes né pour apprendre à AIMER : vous aimer et aimer tout ce qui est sur cette Terre, et comme une bonne mère, la vie est tendre à certains moments, rude à d'autres lorsque vous ne voulez pas comprendre ou apprendre la leçon, mais elle est amour, elle ne vous laissera jamais tomber.

Votre pouvoir est immense, si vous saviez…

Vous êtes à l'image du Créateur, vous portez en vous le pouvoir de créer, de guérir, d'évoluer. Vous pouvez tout accomplir !

Après avoir lu ce livre et pratiqué un certain nombre d'exercices, votre pouvoir a grandi. Ne tombez pas dans l'écueil de vouloir immédiatement l'offrir, le partager avec les autres : vous l'avez acquis grâce à votre volonté, votre courage, votre amour de vous-même, votre sagesse profonde…

La seule façon de pouvoir aider les autres est à présent de les inspirer : au départ, les autres vous demanderont : « Mais pourquoi fais-tu cela ? », comme une accusation qui parlerait de leur peur du changement. Mais bientôt, le regard admiratif, ils vous questionneront : « Comment fais-tu tout cela ? »

Eh oui, conquérir notre pouvoir personnel, élever notre vibration nous rend brillants, et alors tel un phare peut-être guiderons-nous d'autres âmes en errance, ou pas, et cela importe peu car vous n'avez à vous soucier que de votre propre évolution ! Mais à chaque fois que vous grandissez, c'est le monde qui croît avec vous… Et lorsque l'on est bien soi-même, on ne peut offrir que du bon !

VICTOIRE !

Je vous propose comme tout dernier exercice de créer, symboliquement, votre bâton de pouvoir, comme un trophée à votre image.

Il représentera qui vous êtes, votre singularité, votre magie unique.

Pour cela, vous choisirez un bâton en balade (entre 20 cm et 1,80 m), de façon intuitive, pour sa forme ou sa couleur, un bois qui vous appelle et vous a choisi pour ce rituel.

Vous pourrez le préparer en ôtant l'écorce ou en le ponçant, comme vous voulez, laissez-vous guider par votre cœur.

Puis vous le décorerez en utilisant les matériaux de votre choix : tout ce que vous désirez pour que cela vous apporte de bonnes sensations (joie, force, lien à votre histoire, objets ayant appartenu à un ancêtre…). Et tout le temps de sa confection, posez des intentions comme la protection, la guérison ou la guidance.

Vous pourrez plus tard modifier ou compléter l'habillage : il est votre miroir, votre partenaire, votre allié… aussi sans doute va-t-il évoluer dans votre vie.

Œuvrez avec instinct, sans analyser, mettant de côté la valeur esthétique. Laissez-le se créer sous vos doigts et votre bienveillance.

Puis, lorsque vous serez satisfait de sa composition, vous devrez l'activer par une cérémonie : quelques bougies, des chants, une prière, la bénédiction d'un ruisseau… à vous d'imaginer de quelle façon le « baptiser » !

Vous pouvez lui donner un nom et le garder un moment contre votre cœur pour lui communiquer votre intention profonde. Puis utilisez-le dans un endroit personnel comme décoration ou gardez-le emballé secret, à vous de sentir ce qui est le mieux pour vous.

Ensuite, il deviendra votre symbole de pouvoir : présent dans les moments forts de votre vie, synonyme de votre puissance personnelle.

Vous êtes désormais prêt à poursuivre votre chemin !

Bonne route !

CONCLUSION

« Que la force me soit donnée de supporter
ce qui ne peut être changé
et le courage de changer ce qui peut l'être,
mais aussi la sagesse de distinguer l'un de l'autre. »
Marc Aurèle

Mes chers amis, ce manuel pratique d'autoguérison se termine à présent, même s'il mériterait encore une dizaine de tomes, tant les possibilités de guérison sont nombreuses… À vous aussi de laisser la vie vous guider et trouver vos propres façons de vibrer plus haut !

J'espère en tout cas qu'il vous aura permis de vous sentir mieux, plus vivant, plus paisible, mais aussi plus joyeux !

Vous avez probablement libéré certains boulets au fil des pages, mais je vous invite à le relire de temps en temps, à l'ouvrir au hasard (comme si le hasard existait), pour y piocher un outil, une idée, un soutien aussi…

Il ne s'agit pas non plus de vous transformer en tyran du développement personnel, et rappelez-vous que le plus important est votre joie, car c'est elle qui vous montre le chemin, et vivre est de toute façon déjà une expérience initiatique !

Peut-être que vous n'avez pas encore tout guéri en vous, et c'est tant mieux, car votre histoire n'est pas encore terminée, il vous reste encore bien du chemin à faire dans cette incarnation… Et peut-être aussi que vous ne guérirez pas tout, et ce n'est pas un problème.

« **Mourir guéri pour ne laisser aucune trace de notre souffrance sur Terre** », quel bel objectif de vie. Il peut vous servir de phare, mais n'en faites pas une prison non plus.

Accepter parfois sa douleur, son chagrin, parce qu'on ne parvient pas à le guérir, c'est déjà le soigner, et accepter, c'est déjà aimer.

Car, en réalité, tout est déjà accompli : vous êtes des êtres merveilleux, d'une puissance absolue, d'une beauté et d'un courage sublimes, des êtres de lumière et d'amour qui expérimentez et jouez de la vie pour participer au grand jeu éternel de la création.

Restez léger, revenez aussi souvent que possible à l'enfant espiègle qui sommeille en vous, vivez le présent avec jouissance, les pieds sur terre et le cœur ouvert.

Votre mission la plus importante est de rayonner la lumière de votre essence, la lumière de votre cœur, la lumière de votre âme !

Alors éteignez les lumières et faites briller vos yeux, que des milliers d'étoiles illuminent votre vie pour ensoleiller le monde !

Mitakuye Oyasin, nous sommes tous UN.

Avec tout mon amour,

Sophie

Mes valeurs : Bienveillance - Amour - Croissance - Éveil - Liberté.

« Qui vit en paix avec lui-même
vit en paix avec l'univers. »
Marc Aurèle

HOMMAGE

MERCI à mon âme de me guider chaque jour dans l'amour et la lumière ; à ma famille, mes parents, frère et sœur qui sont un grand soutien et un refuge précieux ; à mes enfants qui sont l'or de ma vie, m'offrant le privilège d'aimer plus grand que moi.

Merci également à mes amies, rares et précieuses, que j'ai désirées si longtemps avant de les trouver ; à tous les thérapeutes et chamans qui m'ont fait éclore, soin après rituel, à l'amour et la reconnaissance de moi-même ; à mes clients merveilleux qui donnent un sens à ma vie et nourrissent mon besoin de contribuer au monde ; à mes grands-parents et aïeux qui sont mes racines puissantes et m'ont transmis tant de ressources ; à la vie, enfin, de m'offrir tant de bénédictions et de belles rencontres, rendant possible notamment l'édition de cet ouvrage.

Enfin, je vous remercie, chère lectrice, cher lecteur, de m'avoir accordé votre attention et peut-être même votre confiance.

Alléluia !

À PROPOS DE L'AUTEURE

Cette aventurière de la spiritualité et du développement personnel a emprunté de nombreux chemins de connaissances et d'expériences pour livrer, dans ce manuel pratique, le fruit juteux de sa cueillette : un panier gourmand et riche à foison des meilleures recettes pour vivre en pleine forme et haut en énergie !

Sophie Magenta a passé une vingtaine d'années à diriger des entreprises et à manager des équipes, avant de se reconvertir dans le sens de sa passion : la croissance et l'éveil des hommes !

Certifiée coach de vie en relation d'aide et maître praticien en PNL, praticienne en massages bien-être, elle s'est formée à de nombreux outils (EFT, champ mental, CNV, astrologie, chamanisme…) pour accompagner, depuis plus d'une décennie, des enfants et des adultes, dans le cadre de leur vie personnelle ou professionnelle, vers la libération et le mieux-être.

Conférencière et formatrice en management et développement personnel, elle intervient en entreprises pour réveiller les forces vives que représente le capital humain.

Devenue clairvoyante, elle dispense également ses soins et guidances à qui recherche éclairage et inspiration. Elle est à présent « une bohémienne ».

Elle est également l'auteure de :

- *Les Coachings de Sophie* (collection de livres audio d'auto-coaching en PNL), VOolume, 2015.
- *Mon moi(s) magique : 30 jours de nouveautés pour sortir de sa zone de confort et laisser la magie opérer…*, en autoédition, 2017.
- *Le Champ Mental : Méthode de libération des pensées toxiques*, en autoédition, 2019.
- *WOW : La plume de l'aigle d'or* (roman initiatique), en autoédition, 2019.